산티아고
순례길

산티아고 순례길

발행일	2024년 12월 12일			
지은이	김수갑			
펴낸이	손형국			
펴낸곳	(주)북랩			
편집인	선일영	편집	김은수, 배진용, 김현아, 김부경, 김다빈	
디자인	이현수, 김민하, 임진형, 안유경	제작	박기성, 구성우, 이창영, 배상진	
마케팅	김회란, 박진관			
출판등록	2004. 12. 1(제2012-000051호)			
주소	서울특별시 금천구 가산디지털 1로 168, 우림라이온스밸리 B동 B111호, B113~115호			
홈페이지	www.book.co.kr			
전화번호	(02)2026-5777	팩스	(02)3159-9637	
ISBN	979-11-7224-413-2 03920 (종이책)	979-11-7224-414-9 05920 (전자책)		

(주)북랩 성공출판의 파트너
북랩 홈페이지와 패밀리 사이트에서 다양한 출판 솔루션을 만나 보세요!
홈페이지 book.co.kr   •   **블로그** blog.naver.com/essaybook   •   **출판문의** text@book.co.kr

작가 연락처 문의 ▸ ask.book.co.kr
작가 연락처는 개인정보이므로 북랩에서 알려드릴 수 없습니다.

산티아고 순례길

인생을 성찰하는 프랑스 길
800㎞의 여정

김수갑 지음

800km를 걸으며 나는 깨달았다.
중요한 건 도착지가 아니라,
걸어온 여정 그 자체라는 것을!

북랩

　연구년을 맞이하여 해외 자율 연구 여행을 계획하였다. 주로 헌법, 문화재, 문화유산보호법제에 관심을 가지고 연구해 온 필자로서는 이번 여행을 문화 및 문화유산 탐방을 주제로 하기로 마음먹었다.

　2001년 미국 캘리포니아 산타클라라(Santa Clara)대학교 비지팅 스칼라 당시 자가용 차를 이용한 한 달간의 미 서부와 캐나다 여행은 문화 탐방의 이름 아래 상당한 모험과 의미를 느낀 바 있다. 그때 작성한 일기는 가끔 들춰 보면서 회상에 빠지곤 하였다. 그 후 처음 시도하는 혼자만의 여행이라 설레기도 하고, 단순한 관광 여행이 아닌 무엇인가 의미를 찾기 위한 여행을 하기로 결심하고 나니 살짝 긴장감도 생겼다.

　무엇보다도 대학 교수 정년을 2년 앞둔 나 자신을 돌아보며 내려놓는 삶을 준비하는 것이 의미 있다고 생각하였다. 그 의미를 생각하다가 문득 떠오른 것이, 산티아고 순례길을 걸어 보는 것이 좋을 것 같다는 생각이었다. 많은 사람들의 버킷리스트 중 하나라는 말은 많이 들었다. 혼자 가는 것은 무리이니 제주 올레길을 먼저 걸어 보는 것이 좋을 것 같다는 제안도 있었고, 직장 때문에 동행하기 어려운 집사람이나 가족들도 처음에는 반대가 심하였다.

그러나 이번 기회가 아니면 시도하기 쉽지 않을 것 같아 감행하기로 작정하였다. 그 이후, 관련 책도 보고 유튜브나 블로그에 소개된 정보 등을 보면서 준비하였다. 처음 가는 것이니만큼 동행인도 있으면 좋을 것 같고, 다른 절차 신경 쓰지 않고 걷기에만 몰두하고 싶어 여행사의 도움을 받기로 하였다. 가장 많은 정보를 얻은 C 여행사의 도움을 받았다. 의외로 산티아고 순례길과 관련한 여행사, 유튜브 및 책자 등이 많았고, 많은 정보를 얻을 수 있었다.

준비물을 하나하나 마련하면서 순례길을 떠날 채비를 차렸다. 처음에는 여러 정보의 홍수 속에 필요한 준비물을 장만하다 보니 너무 많은 것 같아 심히 걱정이 되었다. 순례길에서는 무엇보다

도 최소화하는 것이 좋다는 말을 많이 들어 줄이고 줄여 60L 가방과 작은 가방에 짐을 넣을 수 있었고, 최소한의 것만 가지고 가기로 하였다. 내 체중의 10% 이내로 줄였다. 여전히 더 줄이고 싶었으나, 줄이기도 쉽지 않았다. 그런데 가방도 없이 거의 맨몸으로 23일 만에 800km를 걸은 한 여행 작가의 유튜브는 신선한 충격을 주었다.

드디어 5월 21일, 중국을 경유하며 파리에 도착하고, 이튿날 프랑스 루르드로 이동하여 며칠 머무르며 루르드(Lourdes) 성지를 둘러보았다. 루르드 성지는 전 세계적으로 유명한 성지의 하나이다. 멕시코의 과달루페(Guadalupe), 포르투갈의 파티마(Fatima), 벨기에의 보랭(Beauraing)과 더불어 세계 4대 성모 발현지로 유명하다. 맑은 공기 속에 청정한 루르드에서의 이틀은 본격적인 순례길 여정 전에 또 다른 경험이었다. 루르드에서 생장 피에드 포르(St Jean Pied de Port)로 이동하면서 본격적인 순례길 여정이 시작되었다. 산티아고 순례길 중 프랑스 길은 프랑스 생장 피에드 포르에서 시작하여 피레네산맥을 넘어 스페인으로 넘어오면 나바라주, 라리오하주, 카스티야이레온주, 갈리시아주의 네 개의 주를 통과하여 최종적으로 산티아고 데 콤포스텔라(Santiago de Compostela)의 산티아고 대성당까지 가는 길이다. 중간에 레온(Leon)에서 이틀 머무르면서 휴식을 취하고, 드디어 목적지인 산티아고 데 콤포스텔라에 도착하였다. 이제까지 살아오면서 이렇게 많이 걸어 본 것은 처음이고, 40일에 가까운 길을 도보로 걸어왔다는 것이 나에게는 큰 변화였다. 단순한 인내 내지 좀 색다른 문화 탐험이 아니라 나 자신을 돌아보는 계기가 되었고, 나이롱 가톨릭 신자로서의 삶도 돌아보며 많은 것을 느끼게 해 주는 값진 여행이었다.

순례길을 걸으면서 일기 형식으로 매일매일 여행 과정과 느낌을 정리하였는데, 몇몇 사람들로부터 책으로 내 순례길을 준비하는 사람들에게 도움을 주는 것도 좋을 것 같다는 말을 들었다. 경험자들이 집필한 유익한 서적도 많은 현실에서 문재(文才)도 없고

전문적인 여행가도 아닌 내가 괜한 짓을 하는 것은 아닌가 하는 두려움이 있어 망설였다. 그동안 써 온 일기장과 사진 등을 기초로 하고 부족한 것은 도서, 각종 사이트, 유튜브 등을 통해 보충하여 주제넘게 책을 내게 되었다. 너무 나무라지는 말아 주시길 빈다. 순례길을 가고자 하는 분들에게 조금이라도 도움이 될 수 있다면 더 바랄 것이 없다. 부족한 책을 출간해 주신 출판사에 감사를 드린다.

부엔 카미노(Buen Camino)!

2024. 11.
김수갑

✦ Content ✦

제1부

산티아고 순례길을
떠나는 이유

　산티아고 순례길을 걸어 보고자 하는 사람들이 의외로 많은 것 같다. 가톨릭 신자에게 순례는 종교적 영성 활동으로도 중요한 의미가 있지만, 신자가 아닌 입장에서도 자신을 알고 싶고, 삶에 어떤 계기를 마련하기 위해서도 시도하는 것 같다. 아무튼 쉽지 않은 여정이지만, 많은 사람들의 버킷리스트 중 하나로도 알려져 있다. 나도 그냥 남들처럼 버킷리스트 중 하나를 실천하자는 마음도 있었다.

　그동안 만난 사람들이나 책과 다른 정보를 통해 파악한 산티아고 순례길을 걷게 된 동기 내지 이유는 각양각색이다. 신앙적인 면도 있지만, '인생의 전환점을 위하여', '리트레인(Retrain)을 위하여', '나는 누구인가? 무엇을 하며 살아야 하는가?를 알기 위하여', '군 제대 후 복학 전 의지를 다지기 위하여', '몇 년 다니던 직장을 정리하고 새로운 전환을 위하여', '이혼 후 자기 자신을 돌아보려고', '자기 체력을 테스트 해 보고 싶어서', '등산광인데 등산과 비교하고 싶어서', '더 늙기 전에 도전하고 싶어서' 등 다양하다.

산티아고 순례길과 관련된 말 중에 '마음은 있어도 불러 주지 않으면 걸을 수 없다'라는 말도 있다고 들었다. 경제적인 면도 있지만, 시간과 체력 등의 문제가 있어 그런 이야기가 나오는 것 같다. 어떤 이는 일단 저질러야지 올 수 있었다고 한다. 실행이 답이라는 말도 있다. '일단 걷다 보면 내가 왜 여기를 걷고 있는지를 알 수 있고, 알아 갈 것 같다'는 주장도 있다. '세상이 힘들게 느껴지거든, 산티아고 순례길을 걸어라'라는 산티아고 전도사(박응렬)의 말도 설득력이 있다.

그동안 대학에서 행정을 많이 맡으면서 2001년 이후 한 번도 연구년을 사용하지 못해 의미 있는 여행을 하고 싶었다. 정년을 2년 앞둔 시점에서 도서관에서 침잠하여 연구에 전념하는 연구년을 이용하는 것도 나쁘지 않으나, 내려놓고 인생을 정리하는 의미에서의 여행은 체험과 문화탐방 여행이 좋을 것 같다는 생각을 하였다.

가톨릭에 입문한 지 거의 30년이 넘었으나, 종교의 의미도 제대로 생각하지 못했고, 그저 나와 가족, 나아가 국가, 더 나아가 인류의 행복을 기원하는 구복적인 성격의 종교 생활을 해 왔던 것 같다. 이른바 선데이 크리스천, 나이롱 신자였다. 이번 기회에 힘든 순례길을 걸으면서 그분의 고난과 희생, 용서와 구원의 발자취를 느끼고 싶었고, 나 자신도 돌아보며 성찰하는 기회로 삼고 싶었다.

학교 행정 등 긴장감 있고 타이트한 상태에서 벗어나자 나태와

의욕 저하를 경험하고 있는 상태에서 삶에 새로운 변화를 가져오고 싶었다. 그리고 그동안 누리지 못한 것에 대한 소소한 기대와 나 아닌 다른 사람도 생각하고, 범사에 감사할 줄 아는 자세를 배우고 싶었다.

특히, 나이, 건강, 시간, 가족 관계 등으로 순례길 걷기를 망설이는 사람에게 "가지 못할 이유보다 가야 할 이유가 훨씬 더 많다. 욕망을 부추기면 꿈을 꾸게 되고, 그 꿈은 마음을 모아 은밀하게 실행에 옮기게 한다."[1]라는 구연미 작가의 책『혹해서 혹 가다』속 추천 문구가 용기를 주었다.

---

1 구연미, 『혹해서 혹 가다』, 생각나눔, 2022.

제2부

산티아고 순례길의
역사와 종류

제1장

산티아고
순례길의
역사

　산티아고(Santiago)는 스페인어로 야고보를 뜻한다. 야고보는 영어로 세인트 제임스(St. James)라고 한다. 성경에는 야고보란 이름이 여러 곳에서 나오는데, 서로 다른 야고보가 세 명이 등장한다. 산티아고 순례길의 주인공 야고보는 제베대오 또는 세베대의 아들 야고보로, 예수 그리스도의 열두 사도들 가운데 한 사람이며, 사도 요한의 형제이다. 또 다른 사도인 알패오의 아들 야고보와 동명이인이라 혼동을 피하기 위해 흔히 '대(大)야고보'라고 부른다.[2] 로마 가톨릭에서 축일은 7월 25일이며, 동방 정교회에서 축일은 4월 30일이다.

2　알패오의 아들 야고보도 예수 그리스도의 열두 사도의 한 사람이다. 또 다른 사도인 제베대오의 아들 야고보와 동명이인이라는 혼동을 피하기 위해 흔히 '소(小)야고보'라고 부른다. 기독교에서는 이 야고보를 야고보서의 저자로 알려진 예수의 동생 야고보와 같은 인물인가에 대한 논란이 있는데, 동방 정교회와 개신교에서는 대체로 별개의 인물로 보고 있고, 로마 가톨릭교회에서는 동일 인물로 보고 있다. (참고: 위키백과)

야고보는 현재의 스페인과 포르투갈이 위치한 이베리아반도에 복음을 전파했다고 전해진다. 야고보가 팔레스타인 지역으로 다시 돌아왔을 때 유대왕인 헤롯 아그리파 1세에 의하여 죽음을 당하였다. 아그리파는 다름 아닌 예수가 태어날 때, 베들레헴의 신생아들을 모두 죽이라고 명했던 헤롯왕의 손자였다. 헤롯왕가들은 대대로 유대 땅에 그리스도교가 기반을 잡는 것을 싫어하고 방해를 했던 것 같다. 결국 야고보는 기원후 44년 7월 25일에 참수를 당하였고, 열두 제자 중 처음으로 순교자가 된 것이다.

순교 이후 야고보의 시신은 그의 제자들에 의해 배에 실려 스페인 북서부 지역으로 운구되었다고 한다. 스페인에서 복음을 전한 만큼 그곳에 뼈를 묻겠다는 유언이 있었고, 제자들이 이를 실행에 옮겼다는 것이다. 팔레스타인에서 멀리 떨어져 있고, 당시는 로마 지배하에 있던 이베리아반도까지 장거리 항해를 통해서 야고보의 시신을 옮겼다는 것에 대해서는 의문을 제기하는 사람들도 있고, 하나의 전설이나 신화로 보는 견해도 있다.[3]

당시 로마는 그리스도교를 공인하지 않았고 그리스도교는 탄압의 대상이었다. 이와 같은 이유로 야고보와 관련된 이야기들은

---

[3] 스페인의 수호성인인 야고보가 스페인에서 복음을 전도했을 가능성은 거의 없다고 보는 견해(프레데리크 들루슈 편, 윤승준 역, 『새 유럽의 역사 - 개정판』, 까치, 2000, 159면)는 그의 선교 활동이 에스파냐의 문헌에 나타나는 것은 7세기의 일이며, 대(大)야고보가 묻혀 있다고 추정되는 이른바 캄포스 스텔라, 즉 별들의 들판이라는 곳의 한 무덤을 별 하나가 제시했다는 것이 민중에게 널리 퍼진 것은 그로부터 1세기가 지나서의 일이었으며, 이 장소는 10세기부터 기독교 세계의 가장 유명한 순례지 등 가운데 하나가 되었다는 이유를 들고 있다. 그리고 문학 등에서는 야고보와 스페인에 대한 관계를 전설 또는 신화 수준에서 검토하기도 한다.

사람들에게서 잊혀져 갔고, 이후 야고보의 존재가 민중 속에서 '부활'한 것은 8세기경으로 알려지고 있다. '별들의 들판'이라고 불리는 캄포스 스텔라(Campus Stellae)에 있는 무덤 중 하나가 별의 계시를 받을 것이라는 이야기들이 민중 속에서 널리 퍼져 나갔던 것이다.

그 계시가 실현이 된 것인지, 서기 813년경 성인 야고보의 무덤이 발견됐다고 한다. 이 소식을 접한 당시 스페인 북서부를 지배하고 있던 아스투리아스 왕국의 알폰소 2세는 그 무덤이 발견된 곳에 성당을 짓게 하였다. 그렇게 해서 건립된 것이 산티아고 대성당이다. 이후 대성당이 있는 곳에 도시가 들어서니, 그곳이 바로 산티아고 데 콤포스텔라(Santiago de Compostela)다.

이상이 산티아고 카미노(camino: 스페인어로 '길')에 녹아 있는 역사적 스토리텔링이다. 이 내용은 산티아고 순례길을 소개하는 책자나 스페인 관광청의 소개 책자에도 기술돼 있다.

산티아고 카미노를 걷는 사람들은 스페인어로 페레그리노(peregrino)라고도 불린다. 영어의 필그림(Pilgrim)이다. 말 그대로 순례자라는 뜻이다. 야고보의 무덤이 발견됐다는 9세기 초, 당시 이베리아반도의 대부분은 이슬람 세력이 차지하고 있었다. 611년 무함마드(모하메드)가 이슬람교를 창시한 이래, 이슬람교도들은 포교를 위한 전쟁을 수행해 나갔다. 북아프리카 일대를 점령한 그들은 711년, 지브롤터 해협을 건너 이베리아 반도까지 쳐들어갔다.

당시 이베리아반도에 있던 서고트 왕국은 이들의 침략을 막지 못하고 713년에 멸망한다. 이후 서고트 왕국의 옛 귀족들은 이베리아반도 북서쪽 산악지대로 도주했다가 718년에 아스투리아스 (Asturias) 왕국을 창건하게 된다.

스페인은 유럽 주요국 중 유일하게 십자군 전쟁에 참여하지 않은 나라였다. 그 이유는 1096년에 발발한 제1차 십자군 전쟁 당시에는 국토의 절반 이상이 이슬람 세력에 놓여 있었기 때문이다. 예루살렘에 '하나님의 왕국'을 세우는 것이 문제가 아니라 당장 자국 영토를 회복하는 것이 급선무였던 것이다. 이런 국토 회복 운동을 레콘키스타(reconquista)라고 부른다. 국토 회복 운동은 이슬람 세력이 침공했던 711년부터 1492년까지 무려 800년이나 지속되었는데, 그런 국토 회복 운동의 중심에 야고보가 서게 된다. 국토 회복이라는 엄청난 과업을 이루기 위해서는 큰 구심점이 필요했는데, 스페인 사람들은 그 역할을 야고보를 통해 구현하고자 했던 것이다.

그와 관련해 전설이 하나 있다. 844년의 클라비호 전투에서 백마를 탄 야고보가 나타나 이슬람 무어인들을 무찔렀다는 것이다. 이후 야고보는 '무어인을 죽이는 산티아고(Santiago Matamoros)'라고 불리기도 하였다. 이렇듯 야고보는 스페인 사람들을 정신적, 종교적으로 하나로 묶어 이슬람 세력에 대한 항전 의지를 고취시키는 역할을 했다. 이와 같은 상황에서 야고보는 큰 구심점이 되어 주었던 것이다.

야고보는 회화에서는 종종 말을 타고, 한 손에는 순례자의 종, 다른 손에는 칼을 들고 무어인을 무찌르는 모습으로 그려진다. 수의사, 약사, 기수, 식료품상인, 순례자, 스페인, 과테말라, 니카

라과의 수호성인으로 알려져 있다.

　산티아고 순례길은 성 야고보의 길이라고도 한다(the way of st. james. camino de santiago). 이 순례길은 11~15세기에 가장 번성하였다. 중세에는 순례길에 대한 지침서도 있었다. 16세기 종교 개혁 이후로 쇠퇴하였다가, 1982년 교황 요한 바오로 2세가 교황으로서는 최초로 산티아고 데 콤포스텔라를 방문하면서 가톨릭 신자들로부터 다시금 인기를 얻기 시작하였다. 산티아고 순례길은 1993년 유네스코 세계유산으로 지정되었고, 유럽의회에서도 첫 유럽 문화여행코스로 지정되기도 하였다. 현재는 가톨릭 신도들은 물론 일반인들도 즐겨 찾고 있는 명소가 되었다.

산티아고 대성당 제대 뒤의 야고보상

제2장

산티아고 순례길의 종류

산티아고 순례길은 약 800km의 도보길(프랑스 길)이 가장 대표적이지만, 몇 가지 루트가 있다. 코스에 따라 차이는 있지만, 25~40일 정도 걸어야 하며, 사람들이 많이 찾는 코스는 프랑스 길, 포르투갈 길, 북쪽 길(북의 길), 은의 길 등이 있다. 그 밖에도 몇 가지 이름의 루트가 있다.

1
프랑스 길(Camino Frances)

대표적인 순례길이다. 다양한 볼거리가 있고, 가장 많은 순례자가 걷기 때문에 성수기에는 숙소 쟁탈전이 벌어지기도 한다고 한다. 프랑스의 생장 피에드 포르(생장으로 약칭되기도 함)에서 스페인 북서쪽 산티아고 데 콤포스텔라로 향하는 약 800km에 이르는 길이며, 9세기 그곳에서 야고보 사도의 무덤이 발견된 이후 성 야고보를 스페인의 수호성인으로 모시게 되면서 지금의 길이 생기게 되었다. 중세에 만들어진 코덱스 칼릭스티누스(Codex Calixtinus)라는 순례자를 위한 지침서에도 그 기록이 남아 있을 정도로 유서 깊다. 현대에 와서도 가장 많은 사람들이 이 길을 걷고 있다. 프랑스의 생장에서 피레네산맥을 넘어, 프랑스와 스페인 국경을 지나, 대도시인 팜플로나, 로그로뇨, 부르고스, 레온을 지나 산티아고 데 콤포스텔라에 도착하는 한 달 정도의 여정이다.

100km만 걸어도 순례자 증서를 주기 때문에 100km 전인 사리아(Saria)부터는 짧게 걷는 사람들이 많이 증가하고 있다. 많은 사람들이 걷는 길인 만큼 다양한 나라의 사람들과 교류할 수 있고, 또한 숙박 시설도 충분하고, 다른 길들에 비해 어려움이 있을 때 도움을 청하기도 상대적으로 쉽다는 장점이 있는 길이다.

2
포르투갈 길(Camino Portugues)

포르투갈의 리스본(Lisbon)[4]에서 시작하여 포르투(Porto)를 거쳐 대서양 해안을 따라 걸어 산티아고 데 콤포스텔라까지 약 620km 의 길이다. 리스본에서 포르투 구간이 조금 힘들어서 포르투에서 부터 걷는 사람들도 많다. 그 경우, 산티아고 데 콤포스텔라까지 약 230km 정도이다. 포르투에서는 길이 세 갈래로 나누어지고, 나중에 다시 합해진다.

---

[4] 리스본(Lisbon)은 영어식 표기고, 포르투갈어로는 리즈보아(liʒ'boɐ), 약자로는 Lx(도시 의 옛 표기인 Lixbõa에서 유래)로 불린다.

3
북쪽 길(Camino del Norte)

　스페인 북쪽 이룬(Irun)에서 출발하여 산티아고 데 콤포스텔라까지 약 850km를 걷는 길이다. 많은 길들 중에서 가장 아름답다고 한다. 길이 좀 험한 편이다. 해안선을 따라 걸어 바다를 볼 수 있다. 프랑스 길에 비해 조용하다. 단, 경사가 심해 난이도가 있고, 알베르게 수가 프랑스 길에 비해 적다. 북쪽 길은 해안가를 따라 나 있기 때문에 스페인 사람들이나 유럽 사람들의 피서지로 유명한 곳이 많아 순례가 아니라 여행자가 된 느낌이 들 때가 많이 있다고 한다.

4
은의 길(Via de la Plata)

　스페인 남서부 도시인 세비야(Sevilla)에서 출발하여 스페인 중부를 가로질러 산티아고 데 콤포스텔라까지 약 1,000km가 넘는 길이다. 스페인 순례길 코스 중 가장 긴 노선이다. 은의 길은 로마 시대의 광물자원, 농산물, 동물 등을 수송하기 위해 건설된 포장도로로, 현재의 노선은 산책로부터 시작해 포장도로까지 다양하다. 고르지 않은 거친 지형이 많지 않고, 로마의 옛 유적들을 감상할 수 있다.

5
마드리드 길(Camino Madrid)

마드리드(Madrid)에서 출발하여 프랑스 길과 합쳐지는 루트로, 약 675km 길이다. 조용하고 한적한 길이라 요즈음에는 꽤 많은 사람들이 찾고 있다고 한다.

6
프리미티보길(Camino Primitivo)

최초의 순례길, 순례길의 원조로 알려진 320km의 산악 숲길을 걷는 순례길이다. 가장 오래되고 가장 험난하며 그리고 가장 아름다운 길이라고 알려져 있다.[5] 시작점은 오비에도(Oviedo) 대성당이다. 여기에서 순례자 여권(Credential)을 살 수 있다고 한다.

---

5 이 길에 대한 자세한 소개는 '김지상, 『2주 만에 다녀오는 산티아고 프리미티보』, 미래문화사, 2019' 참조.

제3부

산티아고 순례길을
걷기 위한
준비물과 기타 정보

제1장

준비물

1
개설

산티아고 순례길 기행을 계획하면서 40일의 순례길에 대한 준비물은 어떻게 구성해야 할까? 하루 등산이나 며칠의 여행이 아니라, 40일 정도의 여행길이라면 무엇을 얼마나 준비해야 하는가는 걱정거리가 아닐 수 없었다. 버리는 여행이요, 나를 찾는 여행이라면 이것저것 생각할 것 없이 최소한의 것만 지니고 떠나는 것이 이치상 옳다. 그러나 최소한의 것만을 준비해야지 하면서도 복장, 비상약품을 포함하여 최소한의 기준이 무엇인가를 생각하면 간단치가 않다. 꼭 필요한 경우는 현지에서 조달한다는 가정도 세우면 조금 짐을 줄일 수 있으나, 이도 장담하기 어렵다. 특히 경험자가 아닌 처음 시도하는 사람은 준비물을 가늠하기가 쉽지 않다. 그간 귀동냥한 각종 정보를 통해서 우선은 '가능한 적게', '없이 한번 지내 보기', '너무 비싼 장비 지양', '내 체중 10% 초과하지 않기'을 원칙으로 삼고 준비물을 챙겼다. 준비물을 챙기면서도 넣고 빼기를 몇 번이나 반복하였다. 60L 가방과 보조 가방에 짐을 분산해 넣고 보니 내 체중의 10%를 겨우 넘지 않았다. 사실 내 체중이 적지 않아 거의 10kg에 육박하였다. 가방은 메보니 멜 만하였다. 만약 다음에 갈 기회가 있다면 6kg를 목표로 해 보겠다.

2
필수 준비물

가방

큰 것 1개와 작은 것 1개를 준비하는 것이 이상적이다. 큰 것을 다음 숙소까지 동키 서비스로 미리 붙일 수도 있고, 보조 가방은 중요 물품을 보관하거나 성당이나 기타 시내에 나갈 때 유용하게 쓸 수 있다. 큰 가방은 40L, 50L, 60L 정도를 많이 준비하는 것 같다. 나는 40L, 50L, 60L에 모두 짐을 넣어 보았는데, 잘 정리하

가방, 등산복 상·하의, 속옷, 경량 패딩, 양말, 샌들

산티아고 순례길

여 넣으면 큰 차이는 없는 것 같다. 좀 더 여유를 가지기 위하여 60L를 준비하였다, 보조 가방은 상대적으로 작은 것으로 준비하였다. 보조 가방에는 비상식량 하루분, 비상약품, 우의, 물, 경량 패딩, 등산 스틱을 넣거나 밖에 부착시켰다. 도보 순례길에 주로 이를 이용하였다.

큰 가방과 작은 가방을 합쳐서 13kg을 초과하지 않았다. 바퀴 달린 가방은 순례길에서는 허용되지 않는다는 정보에 따라 바퀴 달린 가방으로 준비하지 않았다.

등산복 상·하의

5월 말에서 6월 말까지의 일정이어서 겨울 등산복은 준비하지 않았다. 다만 저녁이나 아침 일찍 추울 때를 대비하여 경량패딩을 준비하였다. 춘하 등산복을 상·하의 두 벌을 준비하였다. 공항이나 성당을 방문할 때를 대비하여 입고가는 가벼운 평상복 겸용으로 별도로 준비하였다.

속옷

속옷은 하의만 3장 준비하였고, 상의는 내의를 준비하지 않고 기능성 등산복 반팔과 긴팔을 2벌씩 준비하였다.

양말: 인진지 양말(발가락 양말) + 목이 긴 등산 양말

이번에 발가락 사이에 물집이 잡히는 것을 방지하는 데 도움이 된다고 해서 인진지 양말을 준비하였다. 2켤레를 가방에 넣었다. 먼저 인진지 양말을 신고, 그 위에 등산 양말을 이중으로 신고 도보하였다. 발에 물집이 잡히는 것을 최대한 줄여 줄 수 있다. 등산 양말도 2켤레만 넣고 매일 빨래를 하면서 번갈아 신었다. 빨래가 안 마를 경우를 대비하여 3개씩 준비하는 것이 좋다는 생각이다. 발에 바세린을 바른 다음 인진지 양말을 신고, 그 위에 등산 양말을 신었다. 순례길을 걷는 동안 발에 물집이 생기지 않고 무사히 완주할 수 있었다.

등산화

기존에 신었던 딱딱한 등산화를 신고 가려고 하였으나, 가볍고 방수가 잘 되는 트래킹화를 새로 UYLFER에서 저렴하게 구입하

가방 덮개와 캐리어 벨트, 스틱과 스틱 덮개, 등산화

여 한 달 정도 길을 들인 다음 신고 갔는데, 순례길 여행 기간 동
안에 큰 무리 없었지만, 500km를 걷고 나니 밑창이 다 닳고 옆구
리가 터져 레온에서 'HOKA'라는 제품의 등산화를 샀는데, 발이
편하고 쿠션도 있어 순례길 여행 기간 동안 잘 신었다. 신발은 말
에 해당하므로 평판이 있는 것을 장만하는 것이 좋다는 생각이
다. 길을 걷다 보면 돌멩이가 신발로 들어오는 경우가 있어 스패
치도 준비하는 것이 좋다는 정보가 있었으나, 준비하지 않았다.

모자

태양도 강렬하고, 때로 비가 올 경우에 대비해서도 모자는 필수적
이다. 긴 창이 있는 모자를 준비하는 것이 햇볕 차단 등에 유용하다.
필자는 일반 등산 모자 하나에 벙거지 하나를 준비하고 갔다. 초반
에는 앞창만 있는 등산 모자에 안면 가리개 등을 같이 사용하였는데,
중반에는 방수용 검은 벙거지를 주로 썼다. 그리고 종반에는 선물받
은 긴 창의 등산 모자에 순례자 배지 등을 달고 사용하였다.

모자, 비닐 덧신, 노트, 수첩

침낭

알베르게에서는 침낭을 이용하여 수면을 취하였다. 소위 알베르게 버드 예방을 위해서도 필요하다. 침낭은 검색해 보면 다양한 종류가 있는데, 많이 추천하는 나투어를 테무를 통해서 25,000원 정도에 구입하였다. 만족스럽게 잘 사용하였다. 잘 접어 케이스에 담으면 부피도 많이 차지하지 않고 가벼웠다. 날씨가 추울 때에는 추동용을 준비하는 것이 좋다고 한다.

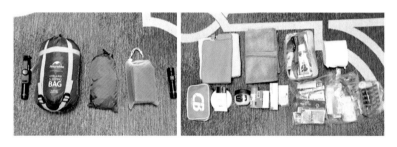

셀카봉, 침낭, 우비, 깔판, 랜턴, 세면도구, 수건, 빨래 망, 화장지, 비상약품 및 상비약, 선크림, 바세린, 손톱깎이 및 반짇고리

스틱+장갑

등산 스틱은 안 가지고 가려고 했는데 매우 유용하다는 의견들이 많아서 장만하였다. 실제 피레네산맥을 넘을 때 유용하게 사용하였다. 그리고 넘어져 무릎을 다쳤을 당시, 걸을 때 많은 도움을 받았다. 스틱을 사용할 때 손이 시리다는 이유로 장갑을 꼭 준

비하라는 여행사의 정보에 따라 장갑도 준비하였다. 유용하게 사용하였다. 장갑을 끼고 걸으면 전화나 사진 찍기가 불편하여 손끝이 나오는 장갑도 같이 준비하였는데, 유용하게 사용하였다.

우비

우기가 아니라도 비가 오는 경우가 많아 우비를 준비하는 것이 좋다는 정보가 많다. 우비 없이 우산만 준비하는 사람도 있으나, 바람도 강하게 부는 경우 우산이 날아갈 수 있어 우비를 준비하는 것이 좋다. 다만 우비는 비가 올 때 착용하고 벗을 때 조금 번거롭다는 단점이 있다. 어떤 분은 1회용 비닐 우비를 준비하는 경우가 있는데, 부피 감소에 큰 도움이 된다. 다만 오래 쓰거나 방수에는 한계가 있다. 나는 이런 점을 고려하여 정식 판초우의를 준비하였다. 그런데 실제 비가 오는 날은 2일 정도여서 제대로 사용한 것은 한 번뿐이었다. 5월 21일에 떠난 순례길은 이례적으로 날씨가 좋았다고 한다.

수건

일반 수건 1개랑 스포츠 타올 1개를 준비하였다. 일반 타올은 잘 마르지 않고 무게가 있으나 샤워나 세수 등에 유용한 반면, 스포츠 타올은 잘 마르나 사람에 따라 다르겠으나 느낌이 별로 좋지 않다. 스포츠 타올로 준비하는 분이 많은 것 같다. 일반 타올이 덜 마른 경우, 가방에 걸어 말리면 된다.

세면도구 및 화장지

비누, 치약, 칫솔, 면도기, 샴푸(린스) 등을 준비하면 된다. 비누는 세면 비누와 세탁비누를 별도로 준비하는 경우가 있으나, 세면 비누를 2개 준비하여 세면과 세탁에 허용하였다. 매일 세탁하는 경우 때보다 땀 제거가 목적이기 때문에 세면 비누도 충분하다고 본다. 게다가 향기가 더 좋다. 알베르게에서 세탁기를 이용할 경우 세탁 세제 이용이 필요하나, 유료이다. 여럿이 모아서 이용하는 경우를 생각할 수 있다. 치약과 면도기, 샴푸는 40일 정도 사용할 수 있는 최소한의 양을 준비하였다. 어떤 분들은 칫솔도 무게를 줄이기 위하여 작은 칫솔을 준비하는 경우가 있다. 정식 면도기는 부피도 있고 하여 튼튼한 1회용 면도기 2개를 준비했는데 40일 충분히 사용하였다.

물티슈도 작은 것 하나 준비하고, 두루말이 화장지도 가운데 봉을 빼고 압축하여 1개를 준비하였는데 유용하게 사용하였다. 알베르게에도 화장지는 충분히 공급되고 있다.

3
유용한 준비물

이런 것은 현지에서도 구입이 가능하지만, 그래도 필요하고 유용하다고 생각한다.

슬리퍼나 샌들

도보 순례 시에 사용하는 것이 아니라, 알베르게에서 활동하거나 샤워할 때 또는 성당 등을 방문할 때 요긴하게 쓸 수 있다. 어떤 분은 흰 고무신을 준비했는데, 나름 멋이 있었다.

바람막이나 경량 패딩

춘·하기에도 새벽이나 밤은 기온이 내려가기 때문에 바람막이나 경량 패딩을 준비하면 유용하다.

손톱깎이 및 반짇고리(바늘과 실)

손발톱을 깎거나 터진 옷을 기우고 할 때도 필요하지만, 발에 물집이 잡힐 때에도 유용하게 사용할 수 있다.

비상약품과 복용 약품

통상 비상약품으로는 약국에서 별도로 봉지에 넣어서 파는 경우가 있다. 이에는 감기약, 진통제, 해열제, 지사제, 알코올 소독약, 소화제, 후시딘, 대일밴드 등이 포함되는 경우가 많다. 이에 바세린이 꼭 추천된다. 바세린은 발에 발라 물집 예방과 치료에 필수적이다. 그리고 늘 복용하는 약이 있는 경우, 별도로 주머니에 넣어 보관하는 것이 좋다.

로밍 및 현지 유심

로밍은 미리 통신사에서 해도 되고, 공항에서 해도 된다. 나는 공항에서 입국 수속 후 로밍을 하였다. 별도로 해외에서 사용하기 위하여 유심을 사용하는 경우가 많은데, 유심을 사용하면 국내 통화의 제한이 있어 로밍을 하는 경우 굳이 해외 유심을 갈아끼울 필요가 있는가는 의문이다. 다만 비용과 정보 활용을 위해서 필요하다는 주장도 많다. 나는 로밍만 하고 갔는데, 크게 불편함은 없었다.

물티슈, 비상식량(누룽지와 라면 스프), 선글라스, 안대, 무릎 보호대, 스포츠 타월, 머리띠, 토시. 얼굴 가리개, 장갑, 빗, 충전기, 보조배터리, 멀티탭, 이어폰(유선, 무선), 비너, 열쇠 등

4
보조 준비물

옷걸이 및 빨래 집개

옷을 세탁하고 말리려면 필요하다. 나는 빨래 집개를 3개 준비하였다. 옷걸이도 사용할 수 있는 것 1개와 낱개로 사용할 수 있는 것 2개를 준비하였다.

비상식량

라면과 누룽지를 준비하는 경우, 고추장 등 밑반찬을 준비하는 경우가 있다. 라면은 현지에서도 사 먹을 수 있고 부피도 커 지참하기에 어려움이 있다. 나는 누룽지를 20개 정도 준비하였는데, 부피도 최대한으로 줄일 수 있었다. 그리고 라면 스프를 커피믹스처럼 파는 것이 있는데, 매운 맛과 덜 매운 맛을 각 10개씩 준비하였다. 누룽지와 스프는 일행들과 같이 나누어 먹었는데, 인기가 많았다.

충전기 및 보조 배터리, 셀카봉

휴대폰 및 컴퓨터, 사진기, 스마트워치 충전 등을 위해서는 충전기와 보조 배터리 등을 준비하는 것이 필수적이다. 나는 종전에 쓰던 충전기와 보조 배터리 1개를 준비하였다. 충전기를 꽂을 수 있는 콘센트가 부족하여 여럿이 사용하는 경우에는 불편하였다. 멀티탭을 준비하여 여러 개 충전에 대비하는 것이 유용한 것 같다.

그리고 사진 찍을 때 편의를 위해서 셀카봉을 준비하였는데, 부피도 적고 유용하게 사용하였다.

선글라스+선크림

태양이 강렬한 구역이 있어 선글라스와 선크림을 준비하면 좋다. 안면을 모두 가리는 마스크도 준비하였다.

물통+물컵

보온 물통을 준비하는 경우가 많다. 나도 보온 물통을 준비하였으나, 부피를 줄이기 위해서 빼고 매일 물을 사서 그 물병을 사용하는 쪽을 택했다. 철제 컵을 현지에서 사려고 하였으나 결국 사지 못하였다, 물컵이 없어도 크게 불편하지는 않았다.

드라이기, 고데기, 화장품

드라이기, 고데기도 준비하는 분이 있으나(주로 여성분) 부피도 많이 차지하고 순례에 크게 필요치 않을 것 같아 빼고, 화장품은 간단한 스킨만 작은 병에 담아 갔다.

귀마개, 이어폰, 마이크

알베르게에서 여러 명이 같이 지내기 때문에 코를 고는 분도 있고 하여 귀마개가 필요한 경우가 있다. 나는 무선 이어폰으로 휴대폰을 이용하고 컴퓨터를 사용하는 경우에 대비하여 유선 이어폰을 준비하였다. 무선 이어폰은 귀마개로써의 역할도 하였다. 동영상 촬영 및 기록을 위해 마이크를 준비하는 경우도 있다.

손전등 및 헤드 랜턴

순례길을 새벽에 떠나는 분들은 손전등 및 헤드랜턴의 필요성을 강조한다. 손전등이 없을 경우 휴대폰을 이용하는 경우도 있으나, 빨리 방전이 되어 손전등을 준비하는 것이 필요하다. 나는 테무에서 저렴하고 작은 LED 손전등을 샀는데 유용하게 잘 사용하였다. 특히 알레르게에서 일어나 짐을 쌀 때 아주 유용하게 썼다. 그리고 마지막 날, 산티아고 대성당 미사에 참석하기 위해 알베르게에서 5시에 출발하였는데, 주위가 깜깜한 숲길이어서 많은 도움을 받았다.

발목 보호대와 어깨 보호대 및 깔판

장시간 먼 거리를 걷다 보니 발은 물론 무릎이 아파 오는 경우를 자주 느낀다. 이 경우 무릎 보호대가 많은 도움이 된다. 배낭을 오래 사용하는 경우에 대비하여 어깨 보호대도 준비하는 것이 좋다. 나는 이 두 개를 다이소에서 저렴하게 구입하여 사용하였다.

그리고 중간중간 쉬는 곳에서 사용하기 위하여 깔판을 준비하는 경우가 있다. 나는 다이소에서 초경량의 깔판을 샀는데, 가방에 달고 다니면서 잘 사용하였다.

비너

등산용 비너를 작은 것부터 여러 개 준비하면 좋다. 배낭에 걸고 가리비나 모자, 깔판 등을 걸 수 있어 좋고, 나의 경우 가방끈이 끊어졌을 때 비너를 사용하여 임시방편으로 사용할 수 있게 일행이 도와주었다.

기타

그 밖에 찜질 팩, 간단한 운동 기구, 기타, 요가 매트를 준비하
는 분도 있다고 한다.

제2장

기타
관련 정보

1
배낭 꾸리기 TIP

1. 자주 사용하는 물품(장갑/가이드북/모자/비상식량/우의/방풍 자켓)은 덮개주머니나 외부에 비너 등을 이용하여 걸어두는 것이 좋다.

2. 배낭은 허리밴드와 가슴밴드가 있는 것으로 준비하여야 하며, 허리밴드와 가슴밴드는 밀착하여 착용하는 것이 필요하다. 어깨나 허리의 통증을 줄여줄 수 있다.

2
걷기 TIP

1. 출발 전 가볍게 스트레칭을 하는 것이 필수적이다.

2. 본인의 페이스에 맞추어 걸으며 뒷 발바닥부터 앞 발바닥으로 무게중심을 옮기는 것이 좋다.

3. 휴식 시 땀이 식으면 바로 추워지는 경우가 많다. 저체온증을 대비 방풍 재킷이나 폴라텍 재킷 등을 착용하는 것이 권장된다.

4. 자주 휴식을 취하며 휴식 시 양말을 벗고 통풍을 시켜주며 간식(물/초콜릿/사탕 등)을 섭취한다.

6. 오렌지/오이/사과 등 과일류 등을 섭취하여 수분을 보충한다.

3
음식 정보

조식

알베르게에서 조식을 저렴하게 제공하는 것을 먹고 출발하는 경우도 있고, 출발하여 Bar에서 빵이나 토르티야 등을 커피와 같이 먹는 경우도 많다. 과일이 풍부하여 과일을 미리 사서 같이 먹는 경우도 많다. 계란을 미리 삶아서 함께 드는 경우도 많다.

점심

점심도 대개는 순례길 도중에 Bar에서 해결하는 경우가 많은데, 중간에 Bar를 여러 번 들려 착즙 오렌지나 간단한 간식을 먹는 경우 그걸로 점심을 대용해도 크게 무리가 없었다. 다만, 일찍 알베르게에 도착하는 경우에는 늦은 점심을 먹거나 점심과 저녁을 겸해서 식당에서 순례자메뉴를 사 먹기도 하고 공동으로 장을 보아 요리를 해먹는 경우도 있다.

저녁

알베르게에서 순례자 코스를 제공하는 경우도 있는데, 15유로 안팎에 가성비도 괜찮은 것 같다(스테이크, 포크립 등). 식사를 해먹을 수 있는 식당이 있는 경우 라면이나 누룽지를 먹을 수 있고, 같이 시장을 보아 음식을 만들어 먹는 경우도 많다. 우리는 5명이 팀을 이루어 시장을 보고 요리를 아주 잘하는 분이 주도하여 여러 번 같이 해 먹었는데, 아주 만족스러웠고 외국인들도 부러워하는 것을 여러 번 보았다. 같이 시장을 보아 해 먹으면 저렴한 비용으로 최대의 효과를 낼 수 있다. 다만 매번 그렇게 할 수 없다는 한계도 있다. 또한 그 지역의 이름 있는 식당과 평판도도 검색이 가능하여 찾아가서 저녁을 먹는 경우도 많다.

특산물과 와인 등

① 특산물

스페인 방문 시 스페인의 전통적이며 평판이 있는 음식을 먹어 볼 것을 많이 권유받는다. 대표적으로 뽈보(문어 요리), 해물 빠에바, 하몽, 가스파초, 감바스, 타퍼스, 샹그리아, 칼라마리 등을 체험해 보길 권유받는다. 뽈보와 가리비는 해산물이 유명한 지역에서 많이 권한다(멜리데). 많이 먹기보다는 맛보는 정도로 뽈보와 가리비 요리는 와인과 더불어 먹어 보았다.

② 와인 및 맥주

스페인도 와인으로 유명하기 때문에 와인도 지역 와인 등은 가성비가 좋다. 식사에 포함되어 나오는 와인은 서비스로 더 주는 경우도 있다. 병에 따라 주는 하우스 와인은 싸나 맛은 그다지 기대하기 어렵다. 14유로 정도의 와인도 식사 시 많이 선택한다.

순례를 마치고 샤워 후 마실 수 있는 생맥주도 가성비가 좋다.

③ 과일

체리, 딸기, 복숭아, 포도 등 과일도 풍부하고 가격도 적당하다. 미리 슈퍼에서 사 두어 중간에 간식으로 먹고, 식사와 같이해도 좋다. 순례길에 가끔 자연산 체리나 앵두도 발견할 수 있다.

4
시차 및 유로 가격

　도시에 따라 7시간의 시차가 있는 곳도 있으나, 산티아고 데 콤
포스텔라는 한국보다 8시간 느리다.

　유로화를 사용하는데, 환율은 변동이 있지만 대체로 1,500원
안팎이다. 전압은 127/220V, 주파수는 50Hz이다.

5
여행 예산

　개인이 출발하는 경우와 여행사의 도움을 받는 경우에 차이가 있을 수 있고, 개인차에 따라 차이가 있을 수 있기 때문에 객관화하여 말하기는 어렵다.

　주로 항공료 및 알베르게 숙박비, 식사비가 대부분이며, 기타 운송 수단 이용료 및 기념품 등 쇼핑비, 세탁비 등으로 사용될 수 있다. 여행사에 도움을 얻는 경우 항공료, 알베르게 숙박비, 기타 운송비 등을 일괄적으로 포함하여 받고 식사비와 기타 경비만 개인이 부담한다. 우리가 이용한 C 여행사의 경우 동키 서비스까지를 포함하여 총 557만 원을 입금하였다. 항공기 경유 시간이 긴 것을 제외하면 나름 경쟁력이 있는 금액이라고 생각한다. 식사비는 대체로 800~1,000유로를 준비하고 오는 경우가 있는데, 와인이나 맥주를 즐기는 경우, 약간 더 지출이 예상된다. 순례길 1km 당 1유로라는 계산을 주장하는 경우가 있다. 체크카드로 트래블월렛을 준비해 오는 경우가 많다. 트래블월렛은 트래블월렛 앱을 통해 원하는 통화를 충전하고, 전 세계 어디서나 트래블월렛 카드로 결제할 수 있는 서비스이다. 1~5유로 등이 필요한 경우가 많으니 동전 지갑을 준비하면 유용하다.

개인적으로 오는 경우, 순례자 숙소인 알베르게 숙박료는 보통 공립과 사립으로 나뉘는데 공립이 조금 저렴하며, 시설에 따라 약간의 차이가 난다고 한다. 공영 알베르게 1박에 약 7~12유로, 사설 알베르게 1박에 약 13~25유로 정도이다.

순례길을 평균 20km 이상을 매일 걷기 때문에 땀이 많이 흐르고 흙길에 먼지도 많다. 숙소에 도착하자마자 샤워와 세탁을 하게 된다. 거의 모든 알베르게에는 손세탁하는 곳이 있으나, 한두 명이 사용하면 대기 시간이 길다. 세탁기를 사용할 경우 차이는 있으나, 세탁과 건조를 합하여 10유로 이내의 비용이 요구된다. 세탁만 하고 건조는 개인이 말리는 경우도 5유로 정도를 지출해야 한다. 알베르게에 세탁 건조기가 없어 마을에 별도로 설치된 곳을 찾아가서 해야 하는 경우도 있다. 조금 일찍 도착하는 경우, 손빨래하여 햇볕이 잘 드는 곳에 말리면 잘 마른다. 날씨가 흐린 날은 잘 마르지 않는 경우가 많다. 세탁기를 사용할 때 동행하는 일행들과 n/1을 하여 같이 사용하는 것이 상당히 도움을 준다. 세탁기용 개인 빨래 망을 준비하면 빨래가 섞이지 않아 좋다.

배낭을 다음 목적지까지 옮겨주는 트랜스퍼 서비스인 동키(Donkey) 서비스는 여행사의 경우는 30만 원 정도에 전 구간을 사용할 수 있게 해 준다. JacoTrans, Correos 등 다양한 업체들이 있는데, 개인이 사용할 경우 15kg 미만인 짐 1개에 5~8유로(1구간 기준) 정도인 것으로 알고 있다. 숙소인 알베르게에 이용하는 방법이 친절하게 안내되어 있다.

6
언어

순례길뿐만이 아니라, 여행을 갈 때면 언어 사용이 문제될 수 있다. 그러나 조금 답답하고 불편할 뿐이지 언어가 순례길을 걷는 데 큰 문제가 되지는 않는다. 순례길 표식을 보고 그곳을 따라가면 되고, 중간중간 Bar에 들러 음식을 주문하는 경우에도 대부분이 비슷한 것을 주문하고 모델이 있기 때문에 보디랭귀지를 사용해도 된다. 다만, 순례길에서는 많은 나라의 사람들을 만나기 때문에 서로 대화할 정도의 영어가 되면 많은 문화적 체험을 하는 데 유리하다. 그런데 번역기들이 잘 되어 있어 그것을 이용하여 충분히 대화를 나누는 분들을 많이 보았다.

순례길을 걷다 보면 식당이나 거리에서 만나는 스페인 사람들이 영어를 잘 못하는 경우가 많은 것 같다. 이 점에서 간단한 순례길 스페인어를 익혀 가는 것도 유용하다.

물론 스페인어를 모르더라도 Google Translate이나 파파고 같은 번역기 앱을 휴대폰에 설치해 가면 의사소통이 충분히 가능하다. 스페인어를 특별히 잘 모르더라도 순례길에서 자주 듣는 언어들은 미리 공부하면 좋을 것 같다.

산티아고 순례길

대표적인 순례길 스페인어

1. Buen Camino! (뷰엔 카미노!)

가장 많이 듣고, 순례객도 가장 많이 하게 되는 스페인어이다.
영어로는 Good Way이니, '좋은 길 되세요', '평안한 길 되세요'란
뜻이다.

2. Hola! (올라!)

지나가면서 만날 때, 슈퍼 등에 갈 때 많이 듣는 말이다. '안녕
하세요'란 뜻이다. 영어로 Good Morning!, Good Afternoon! 등
으로 이해해도 될 것 같다.

3. Sí (씨)와 NO (노)

영어의 Yes와 No처럼 Sí는 '그렇습니다'이고, No는 '아닙니다'의
뜻이다.

4. Gracias (그라시아스)

영어로 'Thank you!'이다. 감사합니다.

5. Chau (차우) / Adiós (아디오스)

헤어질 때 하는 인사말이다. '안녕!', '안녕히 가세요'란 뜻이다.
이 말 뒤에 'Hasta (아스따)'가 오면 언제까지 '다음에'란 뜻이다.

* Hasta Luego (아스따 루에고): 다음에 또 봐요.

6. Por favor(뽀로 파보르)

영어로 'Please!' 정도로, '부탁합니다'란 뜻이다.

7. La cuenta, por favor(라 퀴엔타, 뽀로 파보르)

La cuenta, por favor: '(식당 등에서) 계산서 주세요'란 뜻이다.

El Menu Por favor(엘 메뉴 뽀로 파보르): 메뉴 주세요.

8. ¿Cuánto es?(쿠완튜 에스), Cuanto cuesta? (꾸안또 꾸웨스따?)

영어로 How Much?의 뜻으로 보면 된다. '(마트나 가게에서 계산할
때) 얼마예요?'

9. Lo siento(로 시엔토)

영어로 'Excuse me!', '죄송합니다!'

pardon(뻬르돈): 영어의 pardon

10. agua(아구아)

영어로 water이니 물이다. 많이 사용한다.

11. zumo(쑤모)

순례길에서 많이 먹게 되는 착즙 오렌지 주스이다.

Zumo, Por favor(쑤모 뽀로 파보르): 착즙 오렌지 주세요.

Vino tinto(비노 띤또), Vino blanco(비노 블랑꼬) Por favor(뽀로 파보
르): 레드와인, 화이트와인 한 잔 주세요.

12. ¿Dónde está el baño?(돈데 에스테 엘바노)

'화장실이 어디예요?'라는 뜻이다.

Lo siento, pero ¿dónde está el baño, por favor?: 죄송합니다만, 화장실은 어디에 있습니까?

제4부

산티아고 순례길 여정

제1장

도보 순례 이전 일정

1
프랑스 루르드 성지 방문

1. 루르드 성지까지의 길고 긴 여정
(총 1일차: 2024.5.21. (화)~2024.5.22. (수) 일부)

새벽 4시에 기상하여 Santiago 순례길 떠날 준비를 하였다. 집사람이 계란프라이를 해 주어 먹고 짐 정리를 마쳤다. 실은 짐 정리는 쌌다 풀었다를 여러 번 반복하면서 이미 어느 정도 끝낸 상황이었다. 4시 45분경 집사람과 딸아이의 잘 다녀오라는 격려의 말을 듣고 큰 가방은 메고, 작은 가방은 앞으로 안고 집 앞 공항버스 정류장으로 갔다. 새벽 5시 20분경, 공항버스가 와서 타고 인천공항으로 갔다.

6시 30분 C 여행사를 통하여 같이 가기로 한 사람들과 인천공항 1터미널 M열에서 만나기로 되어 있었다. 공항에서 이번에 순례 여정을 같이 할 8분을 만났다. 두 분은 태국 방콕에서 오시는 분들로, 프랑스에서 합류하기로 되어 있다고 한다. 모두 10분이 한 팀으로 인솔자 한 분과 함께 떠나게 되었다. 혼자서 준비하여 떠나는 분이 많으나, 여행사의 도움을 받는 것은 비행기 예약에서 숙소 예약과 코스 안내 등을 인솔자에게 도움을 받을 수 있다는 것과 오로지 걷기에 주력할 수 있는 장점이 있다. 인솔자 선생님은 4번 산티아고 순례길을 다녀온 젊은 분으로, 매우 친절하고 성실하신 분이었다. 같이 갈 순례객들은 연령 및 직업 등이 매우 다양한 분들로 구성되었다. 82세의 K 선생님, 60세의 J 사장님, 마산 출신의 60세의 C 여사와 따님 S 양, 전직 간호사 출신인 50대 중반의 N 선생님, 많은 여행 경험이 있는 P 여사, 전문직에 있으며 안식년을 이용한다는 K 선생님과 태국에서 오시는 두 분 등 모두 10분이다. 태국에서 오시는 분은 치앙마이에서 자녀의 국제학교 교육을 위해 거주하는 Y 여사와 태국에서 18년이나 거주했다는 O 선생님 등이라고 한다.

휴대폰 로밍을 하고 큰 가방을 위탁 수하물로 부쳤다. 검색대에서 린스가 걸려 처분을 부탁하였다. 비행기가 이륙하기 전까지 82세인 K 선생님과 많은 이야기를 나누었다. K 선생님은 국내 명문 대학을 졸업하고 봉제업을 운영하시다가 은퇴한 분으로, 은퇴 후 중국에서 대학도 다니면서 사업 관련 일도 하였다고 한다. 일본에서도 지점장으로 근무한 경력이 있다고 하신다. 연세가 많으심에도 불구하고 제주도 올레길, 서울 길, 파랑길, 큐우슈우 길 등을 다녀오셨다고 한다. 그 연세에 800km의 프랑스 길을 도전하시는 점에서 매우 대단한 분이라고 생각하였다.

10시 25분 인천공항에서 출발하여 경유지인 북경공항에 11시 30분 도착하였다(한국 시간으로 12시 30분). 환승 절차도 무척 오래 걸렸다. 매우 꼼꼼하게 검색하였다. 랜턴과 셀카봉 때문에 나는 더 오래 걸렸다. 드디어 중국 국제항공 CA 0933편으로 환승하여 베이징을 13시 30분 이륙하여 장장 11시간 넘게 비행한 후, 파리 드골공항(CDG)에 18시 40분(한국 시간으로 5월 22일 02시 40분)에 도착하였다.

파리 드골공항에 도착하여 수하물을 찾는데, 가방을 단단히 하기 위해 사용한 캐리어 벨트 두 개가 벗겨져 없어진 상태였다. 느슨하게 매어 벗겨진 것 같다. J 사장은 슬리퍼와 컵, 비녀 등이 없어졌다. 중국에서 환승을 하는 경우에는 더욱 주의를 기울여야 할 것 같다.

파리공항에 도착하면 큰 택시 2대로 버스터미널로 가서 버스를 타고 루르드 성지로 밤새워 가는 여정이 기다리고 있었다. 태국에서 오시는 두 분이 일찍 파리에 도착하여 파리 시내를 구경하고 2터미널에 있다고 하여 인솔자와 J 사장, 내가 한 차로 2터미널로 가서 두 분을 픽업하고 다른 일행과 버스터미널에서 합류하였다. 두 분은 소매치기를 당할 뻔하고, 택시비도 많이 냈다고 한다.

모두 버스터미널 근처 식당에서 간단한 저녁을 먹었다. 나는 카푸치노 한잔과 마요네즈를 곁들인 계란을 먹었다. 저녁 식사를 마치고 버스를 타고 프랑스 남부의 유명한 성지 루르드로 출발하였다. 9시간 정도 걸린다고 하였는데, 실제로는 13시간 30분 정도 걸린 것 같다. 내가 13시간 이상 버스를 탄 것은 이번이 처음이다. 한국에서는 어느 곳이나 특별한 사정이 없으면 5시간 내에는 도착할 수 있다. 통일이 이루어진다면 최남단에서 백두산까지도 이 시간이면 충분할 것이라는 생각을 하면서 밤새워 갔다. 버스 폭도 좁아 엉덩이가 무척 아팠다. 또한 버스가 완행버스라 모든 역마다 정차하고 사람을 태우고 내렸다. 프랑스 시골길은 1차선이 많아 곳곳에서 밀려 시간이 더 걸렸던 것 같다. 밤 10시 45분에 출발하여 다음 날 12시 넘어 도착하였다.

우리는 버스로 밤새 파리에서 루르드까지 왔지만, 파리에서 TGV로도 5시간 걸린다고 한다. 짜증도 나고 일부는 항의도 하였지만, 순례길 여정의 전초전으로 생각하며 위안을 삼았다. 10분 정도 걸어서 호텔에 도착하였다. 한국의 여관 수준의 호텔이다. J 사장님과 한 팀이 되어 호텔에 투숙하였다.

2. 루르드 성지의 유래와 저녁 촛불 행진 미사
(총 2일차: 2024.5.22. (수))

호텔에 짐을 내려놓고 점심을 각자 해결하기로 하였다. 나는 J 사장님과 양고기와 맥주를 한 잔씩 하였다. K 선생님과 N 선생님이 오서서 맥주 한 잔씩 하였다.

공항에 도착한 사진을 가족과 친구 L 원장에게 보냈더니 격려의 답이 왔다. 점심을 먹고 일부는 카르푸에 과일이나 빵 등을 사러 가고, 일부는 성당에 가는 팀도 있었다. 나는 인솔자 선생님과 함께 성당에 가기로 하였다. K 선생님도 만나 같이 갔다.

루르드(Lourdes) 성지는 전 세계적으로 유명한 성지의 하나이다. 이 성지는 '마사비엘 동굴(Grotte de Massabielle)', 일명 '성모님

발현 동굴'이 계기가 되어 조성된 성지이다.

루르드 성지는 호텔에서 조금 걸어가면 피레네산맥에서 흘러 내리는, 제법 많은 물이 흐르는 다리를 만나게 된다. 다리를 건너 '성 미카엘 대천사의 문(Porte Saint –Michel)'을 지나면서 웅장한 대성당의 모습에 압도당하게 된다. 성지 입구로 들어가면 우선 십자가에 달린 예수 그리스도상을 만나게 된다.

마사비엘 동굴 앞

이곳은 1858년 2월부터 7월까지 총 18번에 걸쳐 성모 마리아께서 당시 14세의 어린 소녀였던 베르나데트 수비루(Bernadette Soubirous)에게 발현된 장소이다. 마지막 회의 발현 때 성모는 자신을 일컬어 "나는 원죄 없는 잉태이다"라고 하였다. 이 발현이 있기 4년 전(1854년) 교회의 교도권은 성모에게 "원죄 없이 잉태되었다"는 신앙을 교의로 선포한 바 있다.

루르드 성지를 소개하는 홈페이지에서 "루르드에서는 가난한 사람과 병든 사람이 우선입니다"라는 문구 아래 "개인주의로 얼룩진 사회에서 루르드는 형제애로 응답하기를 원한다. 물질적 성공에 대해 루르드는 가난의 대가와 가치로 응답하기를 원한다. 몸에 대한 숭배에 대해 루르드는 모든 생명의 존엄성으로 응답하기를 원한다. 불신에 대해 루르드는 신뢰로 대응한다. 고립과 외로움에 대해 루르드는 모임과 기쁨으로 응답한다"라는 글귀가 매우 인상 깊게 내 마음속으로 들어왔다.

사실 루르드에는 세 개의 바실리카 성당이 있다. 교회에 주어진 '바실리카'라는 이름은 교황이 그 교회를 거룩한 사도좌의 보호 아래 두는 명예, 특권이 있는 성당이다. 성모님께서 발현하신 동굴 위에 건축된 '무염시태 성당'[6](Basilique de l'Immaculee-Conception)은 높은 첨탑이 솟아 있는 고딕 건축물을 지칭하고 아름다운 스테인드글라스를 만날 수 있다. 그 옆 밑에 있는 '로사리오 대성당'(Basilique Notre Dame du Rosayre)은 성녀 베르나데트의 성모 마리

---

6 '원죄 없이 잉태되신 성모 마리아 대성당'

아 발현 체험과 기적을 기념하기 위하여 지어진 성당으로, 이곳 역시 성소로 공식 지정되었다. 일명 '묵주기도의 성모 대성당'이라고도 한다. 로사리오 대성당에서는 요한 바오로 2세 교황이 제안한 '빛의 신비'를 표현하는 모자이크가 인상적이다. 이 둘을 합쳐 루르드 대성당이라고 부르는 것 같다. 이 성당은 내가 본 성당 중 가장 장엄하고 경건한 분위기를 느끼게 해 주었다. 다른 하나는 지하 성당인 '성비오 10세 성당(Basilique Saint –Pie-X)'이다.

루르드 대성당 앞에서

기적의 샘물

성당의 곳곳을 돌아보며 기도를 마음속으로 올렸다. 동굴 옆에는 특별히 기적과 치유를 체험할 수 있다는 '기적의 샘물'이 존재한다.

'기적의 샘물'은 발현이 있었던 자리에서 솟아난 것으로, 이 샘물로 목욕하거나 이곳에서 성체강복 예절을 행할 때 질병 치유의 기적이 일어날 뿐 아니라 영적 생활에 있어서 기적적인 회개와 은총을 체험하는 등 신앙적인 기적이 일어나곤 하였다고 한다.

물 세 모금을 손으로 받아서 먹었다. 이 물을 통해 치유된 사례가 현재까지 7,000여 건이 존재한다고 한다.[7]

마침 동굴 입구에서는 묵주기도회가 열리고 있었다. 전 세계에서 온 신자들이 묵주기도회에 참석하고 있었다. 둘러보고 나오는데, 신부님들이 신도들에게 성물을 축성해 주고 사진도 같이 찍고 있었다. 젊은 신부님 한 분께 한국에서 왔는데 사진을 함께 찍어 줄 수 있느냐고 하였더니 뜻밖에 한국말로 한국에서 오셨느냐고 반갑게 맞이해 주셨다. 오산 군부대에서 군종신부로 근무하였다고 한다.

루르드의 성모(Notre Dame de Lourdes)는 18회 걸쳐 나타났다고 보고된 성모 마리아를 가리키는 말이다. 베르나데트는 사후 성녀로 시성되었으며, 많은 가톨릭 신자들은 당시 그녀가 성모 마리아를 본 것으로 믿고 있다. 1862년 교황 비오 9세는 그 지역 주교에게 권한을 부여하여 루르드의 성모를 공경해도 좋다는 허락을 내렸다. 근래의 교황들 역시 루르드를 자주 방문하였다. 베네딕트 15세, 비오 11세, 요한 23세는 주교 시절에 루르드를 찾아왔으며 비오 12세는 교황 시절에 루르드를 찾았다. 비오 12세는 또한

---

7 그러나 현재 교회가 공식적으로 인정한 기적은 총 70건(2020. 2. 11. 현재)이라고 한다. 루르드 샘물의 기적 치유심사는 1882년 설립된 루르드 의무국에서 실시한다고 한다. 루르드 샘물은 루르드 당국이 무료로 제공하고 있으며 매년 순례자들이 마시거나 떠가는 샘물은 1만㎥나 된다고 한다. (참고: ko.wikipedia.org, 루르드의 성모)

루르드 성모 발현 100주년을 기념하여 회칙 '루르드 성지순례(Le Pelerinage de Lourdes)'를 발표하였고, 요한 바오로 2세는 총 3번을 방문하였다고 한다. 베네딕트 16세는 2008년 9월 15일 루르드의 성모 발현 150주년을 맞아 루르드를 찾아 미사를 거행하였다고 한다.

루르드 마을에서 성모 마리아가 발현한 성지(동굴) 부근 지역을 일컬어 루르드의 성모 순례지라고 부르는 것이다. 이 지역은 교회 측이 직접 관리하고 있다. 루르드 의무국을 비롯하여 성모 마리아가 발현한 동굴 위에 대성당과 2채의 부속 성당을 세웠다. 스물두 개의 분리된 전례 공간을 가지고 있다(55헥타르).

루르드 성지는 한 해 500만 명이 넘는 성지순례객이 찾고 있다고 한다. 인구는 15,000명밖에 되지 않는데 호텔은 약 350개 정도로, 프랑스에서는 파리 다음으로 호텔이 많다고 한다.

순례지에는 불어, 영어, 이태리어, 스페인어, 네덜란드어, 독일어 등 총 6개국의 언어로 기도를 바친다고 한다. 성당을 다녀오고 돌아 나오는 왼편에 고백소(Confession)가 많이 있었다. 고백도 여러 언어로 하는데, 한국어는 없었다, 안내하는 신부님이 한국인들은 영어로 많이 한다고 하셨다.

숙소로 돌아와 샤워를 하고 6시 이후에 저녁을 함께하기로 하였다. 6시 이후에 K 선생님과 인솔자 선생님에게 전화를 하였더니 7시쯤에 하자고 하셨다. J 사장님이 좀 더 일찍 나가서 식당을 찾아보자고 한다. 나가려고 하는데 비가 제법 오고 있어 호텔에서 우산을 빌려 둘이 카르푸까지 갔는데, 적당한 식당이 없었다.

K 선생님이 인솔자 선생님과 프랑스 식당에 있다고 하여 찾아가 합류하였다. 넷이 달팽이 요리를 공유하고 나는 파스타, 인솔자 선생님은 양고기, J 사장님과 K 선생님은 송아지 고기를 주문하고 포도주 한 병을 주문해 마셨다. 매우 즐거운 저녁이었다.

9시에 성당에서 행진 미사가 있다고 하여 호텔에서 쉬다가 같이 가기로 하였다. 인솔자 선생님, K 선생님, 태국에서 온 Y 여사와 함께 지하에 있는 성당으로 갔다. 어마어마한 규모에 놀랐다. 이 성당은 1958년에 2만 석의 지하 성당으로 건설된 것이다. 성모 발현 100주년을 기념하여 설립된 것으로, 정식 명칭은 '성 비오 10세 대성당(Basilique Saint –Pie-X)'이다. 지하 성당은 휠체어를 타는 신자들도 쉽게 미사를 드릴 수 있도록 배려하는 마음을 담아서 지어졌다고 한다.

지하 성당(성 비오 10세 성당)

산티아고 순례길

오늘은 촛불 행진이 있는 날이라고 해서 간 것이다. 전 세계에서 온 많은 신도들로 붐볐다. 저마다 초를 들고 경건하게 미사 집전을 지켜보았다. 언어가 달라 따라 기도문을 외기가 어려웠지만, 나중에 성모송은 한글로도 낭독해 주었다. 수많은 인원이 사제 행렬을 따라 지하 성당 둘레를 행진하는 모습은 경건했고, 같이 행진하는 나도 마음속의 기도를 올리며 감동하였다. 비가 와서 성당 내에서 행진하였지만, 원래는 밖의 성지 곳곳을 행진한다고 한다. 이것을 마리아 횃불 행렬(Procession aux flambeaux)이라고 한다. 원래 횃불 행진은 로사리오 대성당에서 시작해서 로사리오 대성당에서 끝난다고 한다. 성모님께서 발현하셔서 "이리로 사람들의 행렬이 향하도록 하여라(Venir en procession)"라고 말씀하신 데서 시작된 행렬로, 해가 지면 촛불을 들고 성소로 나와 바실리카 성당까지 걸으며 묵주기도를 바치고, 아베마리아 노래를 부른다고 한다. 10시경 끝나 호텔로 돌아왔다. J 사장님은 카르푸에 갔다 와서 쉬고 있었다. 샤워를 하고 J 사장님과 대화를 나누다 잠이 들었다. J 사장님은 순례길 내내 같이 행동할 파트너이다.

3. 성곽 피레네박물관과 대성당 옆 십자가의 길
   (총 3일차: 2024.5.23. (목))

6시에 기상하여 조용히 일기를 정리하려고 하였는데, 불빛 때문에 J 사장님도 일찍 깬 것 같다. 루르드 성지에 관한 정보를 정리하는 데 시간이 많이 걸렸다. 7시 30분에 호텔의 식당으로 갔다. 어제저녁 아침을 먹으려면 미리 알려 달라고 하여 주문하였더니, K 선생님, J 사장님과 나 셋만 주문한 것 같다. 5.9유로에 빵과 우유, 커피 등을 먹는 것이다. 나는 대체로 만족하며 먹었는데, 두 분은 별로라고 한다. 식사를 마치고 10시부터 문을 여는 루르드 요새, '샤토 포흐트 피레네앙 박물관(Château Fort-Musée Pyrénéen)'을 셋이 관람하러 갔다. 요새는 꽤 높은 바위 위에 자리하고 있었다. 이곳은 옛날에는 요새로 쓰이다가 지금은 미디 피레네 박물관으로 개조되었다고 한다. 미디 피레네란 남부 피레네라는 뜻으로, 이곳에는 피레네 지역의 문화를 엿볼 수 있는 의상, 옷, 그릇 등이 전시되어 있다.

성당 쪽에서 바라본
샤토 포흐트 피레네앙 박물관(성곽 피레네 박물관)

입장료가 8유로였다. 성곽 피레네 박물관(Castle Pyrenean Museum)으로도 불린다. 성곽박물관은 제법 높은 산 정상에 있어 루르드 성지가 한눈에 내려다보이는 경관을 가지고 있었다. 멀리 피레네산맥과 계곡에서 흘러내리는 맑은 물에 기분이 매우 상쾌하다. 2시간 정도 자세히 성곽박물관을 둘러보았다. Donjon이 요새의 망루 등을 의미한다는 사실을 알았다.

성곽 박물관에서 바라본 루르드 성지 전경

점심은 일행 중 한 분이 식당 평판도 1위인 식당을 소개해 주어 거기서 우리 셋과 전문직 K 선생님, N 선생님 등과 만나 함께 하였다. 전채, 메인, 후식이 16유로였고, 드링크는 별도였다. 나는 Fish를 메인으로 시켰고, 후식은 케이크로 먹었다. 드링크는 포르투갈 맥주인 Super Boak를 시켰다. Fish는 생각보다 맛이 별로였고, 맥주는 소형이지만 맛이 있었다. 케이크도 매우 뜨거웠지만 맛있었다. 22유로에 점심을 해결하였다. 점심을 먹고 호텔에 돌아와 양치질을 한 다음 K 선생님, J 사장님과 함께 다시 성당으로 갔다. J 사장님은 불교 성향이신데, 나름대로 좋아했다. 지하 성당, 대성당 등을 둘러보고 J 사장님과 '십자가의 길'을 돌았다. J 사장님이 매 길마다 카메라로 사진을 찍어 주었다. 자기도 좋은 경험을 했다고 좋아한다.

십자가의 길

예수 십자가에 못 박히심

산티아고 순례길

대성당 앞에서 기다리던 K 선생님이 너무 오래 걸려 걱정했다고 한다. '십자가의 길'은 이스라엘에 있는 골고다 언덕도 가 보았지만, 잘 조성되어 있어 경건함을 많이 느꼈다. 나이가 많이 드신 여성 한 분이 손자인 듯한 사람의 부축을 받고 천천히 돌면서 기도를 올리는 모습이 경건하고 보기 좋았다.

십자가의 길 순례를 마치고 다시 호텔로 와 J 사장님과 호텔 1층 식당에서 맥주 한잔씩을 하고 방으로 올라왔다. 식사는 6시 30분에 어제 먹었던 프랑스 식당에서 하기로 하였다. 방에서 일기를 쓰다 프랑스 식당에 갔다. K 선생님, J 사장님, N 선생님, 인솔자 선생님이 함께 갔다. 어제는 파스타를 먹었지만, 오늘은 송아지 요리를 먹었다. 맛은 조금 달짝지근하였고 송아지에 미안한 감이 들었다. 포도주도 맛있게 마셨다.

까르푸를 갔던 J 사장님이 플라스틱 용기에 든 1.5리터짜리 포도주를 사 왔다. 군인들의 종교 행사가 있는 관계로, 각국에서 군인들이 많이 참석하고 성지에서 천막을 치고 거주하고 있다. 1968년부터 시작된 국제군인성지순례(Pelerinage Militaire International)는 프랑스 군종교구 주최로 매년 이루어지는 행사로, 올해가 66번째 행사라고 한다. 한국 군종교구에서도 2년에 한 번 대표단을 구성해서 대회에 참가한다고 한다. 이 기간에는 병으로 된 포도주는 판매가 금지되고 있다고 한다. 둘이 포도주를 다 마셨다. 제법 술이 취하였다. 나중에는 아재 개그에 끝말잇기를 하다 졸려 잠자리에 들었다. 정식 도보 순례길 이전에는 힐링하는 시간이라고 생각하기로 하였다.

4. 루르드 성지의 그 밖의 성소

① 침수처(Piscines du Sanctuaire)

1858년 2월 24일 성모님께서 발현하셨을 때 "샘물에 가서 물을 마시고 씻으라(Alle boire à la fontaine et vous y laver)"라고 말씀하셨다고 한다. 기적의 샘물에서 물은 마셨는데, 좀 더 특별한 경험을 하는 것이 침수처에서 하는 침수 의식이다. 침수 예식은 대기 시간이 길다고 하여 이번에 하지는 못하였다. 침수처는 동굴 뒤편에 있다. 침수 시간은 오전과 오후에 두 번 있는데, 9시부터 11시, 2시 30분부터 4시까지라고 한다. 병자들은 병자 줄이 따로 있어 입장이 빠르며, 군인 성지순례 기간에는 군인들의 침수방도 따로 운영한다고 하여 일반인들은 대기 시간이 더 길다고 한다. 대기 시간에는 묵주기도를 하며 대기한다고 한다. 침수는 본인 차례가 되면 10명 이내의 사람들이 있는 간이 탈의실에서 탈의를 하고 의자에 앉아 기다리다 침수방으로 들어가 침수 예식을 하는 것이다. 몸을 가릴 수 있는 천을 준다고 한다. 자원봉사자들이 일일이 도와준다고 한다. 침수를 하고 수건으로 몸을 닦지 않고 바로 옷을 입고 나온다고 한다.[8]

---

[8] 루르드 공식 유튜브 채널에는 침수 영상이 소개되고 있다.

② 빛의 예배당(Chapelles de Lumiere)

성지를 둘러싸고 있는 가브드포강(Gave de Pau) 건너편에는 빛의 예배당이 있다.

③ 베르나데트 수비루 성녀 생가(Moulin de Boly)와 르 카쇼(Le Cachot)

루르드 성모님은 신앙심이 깊은 14세의 소녀 베르나데트에게 18회에 걸쳐서 발현하였다. 루르드 바닥 곳곳에 있는 베르나데트 길 동판을 따라가면 우선 1844년 1월 7일 '볼리'라는 이름의 물레 방앗간(Moulin de Boly)에서 태어난 베르나데트 성녀 생가를 만나게 된다. 이곳에서 베르나데트는 가족들과 함께 방앗간 일을 도우며 10년 동안 거주했다고 한다. 경제적으로 어려웠던 베르나데트의 가족들은 옛 감옥이었던 르 카쇼(Le Cachot)의 단칸방에 정착하게 되는데, 베르나데트 성녀는 빈곤으로 학교 교육이나 교리를 받지 못한 채 일을 했다고 한다. 그러던 중 동굴 근처로 나무를 하러 갔다가 성모님을 만나는 신비를 체험하게 되었다고 한다.

④ 환자들을 위한 요양병원

성모 발현 동굴 맞은편에는 환자들을 위한 요양 병원이 있는데, 세계 각국에서 온 자원봉사자들이 환자들을 매일 이 동굴의 샘물로 몸을 씻어 주고, 참례하는 것을 도와주고 있다고 한다.

2
프랑스 길의 출발지인 생장 피에드 포르로 이동

1. 루르드 동굴 미사 참석(총 4일차: 2024.5.24. (금))

아침 5시에 기상하여 화장실에 다녀온 후 묵상을 하고 있는데, 일행 중 Y 여사가 오늘 지하 동굴에서 한국어 미사가 6시에 있다는 소식을 문자로 보내왔다. 참석하기로 하고 문을 나서는데, P 여사도 미사에 참석하러 가는 중이라고 하여 같이 갔다. Y 여사는 먼저 와 있었다. 6시가 넘어도 미사가 시작되지 않아 이상하다고 생각했다. 6시 10분 정도에 독일인 듯한 사람이 독일어로 뭐라 하더니 독일어로 미사를 시작하였다. 한국어 미사인데 한국인이 안 왔다는 이야기를 한 것 같다. 짧은 독일어라 확실하지 않지만 'nicht kommen'은 들은 것 같다. 30분 정도 미사를 보고 있는데, 한 무리의 군인들이 오면서 미사가 끝났다. 한편 한국인 신부님이 한국인들을 이끌고 오셨는데, 성모 발현지를 순례 중이라고 한다. 다음에는 포르투갈의 파티마 성지로 간다고 한다. 신부님에게 부탁하여 미사에 참석했던 세 사람이 사진을 찍고 호텔로 돌아왔다. 샤워를 하고 호텔 1층에 있는 식당에서 커피와 햄을 곁들인 빵을 먹었다. 식사 후 K 선생님, J 사장님과 함께 다시 성당까지 갔다. 가는 길에 작은 성수병을 3개 사서 두 분에게도 하나씩 선물하였다. 성수병에 성수를 담고 동굴 앞으로 갔더니 군인들을 상대로 미사가 진행되고 있었다. 영성체도 모시는 것 같아 나는 미사에 참석하고 두 분은 먼저 호텔로 돌아갔다. 나는 영성체까지 모시고 호텔로 돌아왔다. 루르드 성지에서의 2일은 새로운 은총을 받은 느낌 속에 경건하게 보낸 뜻깊은 여정이었다.

2. 생장으로 이동(순례자 여권 발급과 알베르게 투숙)

10시 반에 호텔 앞에 집합하여 생장으로 가는 버스를 탔다. 이제 본격적인 순례의 시작이다. 루르드 성지에서 생장 피에드 포르(Saint-jean-pied-de-Port)까지는 2시간 30분이 걸렸다. 생장 피에드 포르는 한국어로 돼지 꼬리라는 의미라고 한다. 스페인 국경으로부터 8km 떨어진 니베강(River Nive)이 만나는 작은 마을이지만, 산티아고 순례길 중 프랑스 길이 시작되는 기점이다. 간편하게 생장이라고 불리는 생장 피에드 포로는 사자왕 리차드에 의해 세워진 생장르비유(St. Jean le Vieux)가 기원이며, 이후 12세기 말엽 나바르의 왕에 의해 현 위치에 도시가 세워졌고, 북피레네 지역의 중심 도시로 성장하였다고 한다. 이곳에서 피레네산맥을 넘는 순례길은 연간 50,000명 이상의 순례자들이 머무르는 곳이며, 역사상으로도 과거 로마의 십자군, 서고트족, 게르만족, 나폴레옹의 군사 등과 함께한 길이라고 한다.

생장에는 유명한 생장 피에드 포로성(La Citadelle)과 야고보의 문(Porte de Saint-Jacque)이 있다. 생장 피에드 포로성은 멘디귀렌(Mendiguren) 언덕에 세워진 성채로 1625년에 건설되었고, 성벽의 높이가 70미터가 넘는다. 론세스바예스로 향하는 시즈언덕(Col de Cize)의 중심도로이자 핵심 포인트인 이 지점은 고대로부터 군사적, 전략적 요충지였다고 한다. 야고보의 문은 1998년 유네스코 세계유산에 등재된 문으로, 산티아고 순례길을 걷는 순례자들은 이 문을 통과해 론세스바예스로 향하게 된다. 그리고 순례자사무소(메종 라보르드)에서 정원으로 구분되어 떨어져 있는 주교의 감옥도 이 도시에서 가장 유명한 건물 중 하나이다. 현재는 이곳에서 산티아고 순례자에 관련된 전시가 진행 중이다.

먼저 오늘 묵을 숙소인 알베르게(Albergue)에 짐을 풀고 순례자사무소로 가기로 하였다. 알베르게는 4시부터 체크인이라고 하지만 미리 방을 배정해 주었다. 10명이 같이 쓰는 2층 침대의 방이었다. 우리 일행이 11명이라 인솔자 선생님은 다른 방에 배정되었다.

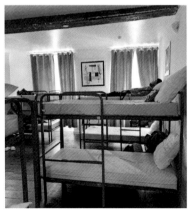

생장에서 1박 할 알베르게   오픈 전 순례자사무소

알베르게에 짐을 푼 후 순례자 여권 등을 발급받기 위해 순례자 사무소로 갔다. 사무실이 아직 오픈하지 않아 문이 닫혀 있었다. 순례자사무소는 2시에 오픈한다고 하여 우선 점심을 하기로 하였다. 이태리 식당이 있어 남자 4명이 파스타를 먹었다. 시장했던 터라 맛있게 먹었다.

순례자사무소 앞에는 많은 사람들이 줄을 서서 순례자 여권을 발급받기를 기다렸다. 통상 '순례자 여권'이라고 번역되어 불리는 크레덴시알 델 페레그리노(Credencial del Peregrino)는 공식적인 여권과는 다르지만, 그 사람이 순례자임을 증명하는 증명서이다. 일반 크레덴시알과 대학생 크레덴시알(Credencial Universitaria)을 구별하지만, 통칭해서 크레덴시알이라고 부른다. 순례자는 자신이 머문 알베르게나 지나온 순례길의 성당, 바 등에서 스탬프인 세요(sellos)를 받아야 산티아고 콤포스텔라의 순례자사무소에서 순례증명서를 받을 수 있다. 사무소에서 사무 보는 사람들이 대부분 나이가 많이 드신 자원봉사자인 듯한 노인분들이셨는데, 업무 처리가 조금 느렸다. 나와 어떤 순례자 한 분의 여권은 발급 날짜가 '2025. 5. 25.'로 되어 있어 다시 정정을 받았다. 사무자 한 분이 농담으로 "내년에 다시 오면 되겠네요." 하신다. 발급받고 나면 순례자의 상징인 가리비 껍데기를 고르는데, 약간의 발급 비용과 기부금을 요한다. 가리비 껍데기 더미 밑에는 '기부'라는 한국어가 선명하게 적혀 있다. 여행사에서 일괄 지불 하여 수월하였다.

순례자사무소 앞에서 대기하는 순례자　순례자사무소 내부 가리비 진열대　　　　노트르담 뒤퐁 성당
(Norte-Dame-du-Bout-du-Pont)

　숙소로 돌아와 쉬다가 4시 30분경 K 선생님과 J 사장님과 함께 마을을 둘러보고 저녁을 먹고 오기로 하였다. J 사장님은 스틱을 20유로에 샀다. 나는 철로 만든 컵을 사려고 돌아다녔으나 구하지 못하였다. 길에서 순례자사무소에서 보았던 한국인이 혼자 오고 있어 인사했다. 그 한국인은 60년생으로 나보다 한 살 위인데, 정년을 하고 순례길을 걷기 위해 왔다고 한다. 연구직 공무원을 지냈다고 한다. 같이 저녁을 먹기로 하고 인터넷에서 좋은 평가가 있는 식당 두 곳을 찾아갔으나, 모두 문을 닫았다. 다시 만난 한국인이 알려 준 식당에 갔더니 7시부터 오픈한다고 하면서 맥주 등의 음료를 시켜 먹고 있으면 7시부터 주문을 받겠다고 한다. 나와 K 선생님은 오징어 요리를 시켰고, J 사장님은 돼지 요리, 처음 만난 분은 비프스테이크를 먹었다. 맥주 한잔과 함께 식사를 하였다. 숙소로 다시 돌아오자마자 샤워를 하고 짐을 다시 한번 정리하였다. 그리고 일기를 쓴 다음 9시경 잠자리에 들었다. 내일부터는 본격적으로 도보로 800km를 걷는 산티아고 순례길 대장정이 시작된다. God Bless me!

니베강변

제2장

도보 순례 여정

1

도보 순례 전반기
(생장 피에드 포르에서 부르고스까지)

1. 생장 피에드 포르에서 론세스바예스까지
(도보 순례 1일차: 2024.5.25. (토), 총 5일차)

피레네산맥의 바람과 3.6㎞ 내리막길의 긴장감

　아침 6시 40분까지 동키 서비스로 짐을 부치고 7시쯤 출발하기로 하였다. 오늘은 프랑스의 생장 피에드 포르에서 스페인의 론세스바예스(RZapfinooncesvalles)까지 가는 일정으로, 프랑스 길 중 가장 난코스라고 들었다. 피레네산맥9을 넘어가는 길로, 힘든 길이지만 풍경은 제일 좋은 곳이라고 한다. 도보 순례 첫날부터 가장 난코스라는 말에 살짝 긴장이 되었다. 생장 피에드 포르의 숙소(Le Chemin vers l'Etoile Albergue)에서 빵으로 조식을 하고 출발하였다.

9　피레네산맥은 유럽 본토와 남서부의 이베리아반도 사이를 가로지르는 산맥이다. 피레네라는 이름의 어원은 그리스 신화에 나오는 요정 피레네(Πυρήνη)에서 따왔다고 한다. (참고: 나무위키)

생장에서 론세스바예스까지 가는 루트는 2가지인데, 그 하나가 나폴레옹 루트이고, 다른 하나는 발카를로스 루트라고 한다. 에스파냐 문을 지나서 첫 번째로 나오는 갈림길에서 왼쪽으로 가면 나폴레옹 루트이고, 오른쪽으로 가면 발카를로스 루트이다. 보통 10월 말부터 3월 말까지는 피레네산맥의 날씨로 인하여 나폴레옹 루트는 폐쇄되고 발카를로스 마을을 지나 론세스바예스까지 가는 우회 방법을 사용하는데, 이것이 발카를로스 루트이다. 나폴레옹 루트는 산티아고 순례길의 일부로, 해발고도 1,429m(레푀데르 피크, Lepoeder Peak)의 피레네산맥[10]을 넘어가는 길이다. 생장 피에드 포르가 해발 183m이니 1,200m 이상을 올라가야 하는 길이다. 나폴레옹 루트는 1807년에 나폴레옹의 군대가 이베리아를 침공할 때 이용한 길로, 프랑스 길에서 가장 힘든 길 중 하나이다.

날씨가 쾌청하고 주위가 깨끗해 기분은 상쾌하였다. 황사나 미세 먼지를 걱정할 수 없는 날씨였다. 완만하지만 계속 오르막으로 피레네산맥을 넘는 여정인데, 점점 높아지면서 위에서 바라보는 풍경이 장관이었다.

---

[10] 피레네산맥의 가장 높은 곳은 3,404m이다.

피레네산맥을 오르며 보는 풍경

운토(Hondo)를 거쳐 오리송(Orisson)의 Bar에서 맥주 한잔을 마시고 순례자 여권에 스탬프를 찍었다. 순례자 여권에는 지나는 알베르게나 바, 성당 등에서 스탬프를 받아 완주하고 증명서를 발급할 때 제시해야 한다고 한다. 나는 주로 성당에서 받자고 다짐하였다.

점점 고도가 높아지면서 바람이 굉장히 많이 불었다. 모자가 날아가 모자를 손에 쥐고 걷기를 계속하였다. 맞바람이 심했지만 날씨는 너무 맑아 기분은 상쾌하였고, 주변에 소 떼, 양 떼, 말 떼 등이 평온하게 풀을 뜯고 있는 모습이 목가적이었다.

오리온 산장을 지나서 오리온봉까지도 약 4km를 더 가야 하는 오르막길이다. 마리아상 같은 조형물이 있어 그곳에서 묵상도 하고 사진도 찍었다. 나중에 안 것이지만 그것은 피레네산맥의 랜드 마크이며 양치기들의 수호성인 비아코리의 성녀(Biakorri Virgin)라고 한다. 이제는 오르막이 끝나겠지 하면서 걷다 보면 또 완만한 오르막이 반복된다. 파란 목초지에 양들과 말들이 평안히 풀을 뜯고 있다. 이어 십자가가 나타나고 여기서부터는 비포장도로이다. 이 십자가를 티볼트 십자가(Cross of Thibault, Croix de Thibault)라고 하는데, 산티아고 순례길에서 볼 수 있는 특별한 기념물이다. 또한, 'T' 모양의 십자가를 '타우(Tau) 십자가'라고도 하는데, 이는 성 프란치스코의 생활과 행동에 중요한 자리를 차지하며, 프란치스코의 상징 중 하나라고 한다. 티볼트 십자가를 지나서 암석으로 된 능선을 넘는다.

중간에 프랑스와 스페인의 국경을 넘어간다고 하여 염두에 두고 걸었으나 아무래도 국경이 안 나와 스페인 사람인 듯한 사람에게 국경을 물었더니 이미 2km 전에 국경선을 넘었다고 한다.

비아코리 성모(Biakorri Virgin)상　　　티볼트 십자가 있는 곳부터 비포장길

나중에 안 것이지만 롤랑의 샘(Fuente Roland)을 지나면 바로 목책이 있고, 길에 1m 정도의 장식이 있는데, 그것이 국경이라고 한다. 여기서 프랑스의 목책은 끝난다. 이 근처에서는 갯벌 수준의 진흙 길도 있었다. 이곳을 지나면 바로 스페인의 Navarra 지방 표지석이 나타난다. 롤랑의 샘에서 물도 먹고 잠시 쉬었는데, 그곳이 국경인 것을 모른 것이다. 롤랑의 샘은 오리송과 론세스 계곡을 가르는 18km(11마일)의 유일한 식수 공급원이다.

국경선에 군인도 없고 표식도 뚜렷하지 않아 지나친 것이다. 참으로 다른 지역에서 찾아보기 어려운 평화로운 국경선이라는 생각이 든다.

롤랑의 샘 근처(프랑스와 스페인의 국경)

이어 대피소를 지나서 이제는 오르막이 끝나겠지 하고 걷다 보면 또 오르막이다. 비록 완만한 오르막이지만 별다른 준비를 하지 않은 나에게는 인내를 요하게 하는 여정이었다. 특히 82세인 K 선생님은 비록 일행에서 많이 동떨어져 오시지만 혼자서 꿋꿋하게 오시는 것을 보고 무척 대단한 분이라 생각되었다.

처음에는 같이 출발한 일행들이 각자의 속도에 따라 각기 떨어져 걷게 되어 몇 그룹으로 나누어지게 되는 것 같다. 나와 J 사장님, Y 여사가 거의 함께 가면서 K 선생님과 C 여사를 기다렸다 다시 걷기를 반복하였다.

드디어 론세스바예스가 3.6km 남았다고 표시된 지역에서부터 내리막이 계속되었다. 여기가 우리가 올라온 정상인 셈이다. 여기까지 거의 8시간을 걸은 셈이다. 내리막길은 급경사길이어서 조심하면서 내려갔다. 온통 숲으로 둘러싸인 흙길을 끝없이 내려갔다.

피레네산맥의 오르막을 넘어
론세스바예스까지 내리막길의 출발점

내리막 숲길

나중에 알았지만 완만한 우회도로로 온 분들도 있다고 한다. 내리막길 때문에 발톱이 많이 아팠다. 드디어 산길을 내려와 오늘 묵을 알베르게에서 500m 정도 남은 지역 표시판 앞에서 기쁨의 표정으로 사진을 남겼다.

수녀원으로 쓰였던 숙소에 도착하니 이미 도착한 일행은 짐을 찾고 방 배정을 받고 있었다. 나와 J 사장님은 K 선생님, C 여사, Y 여사 등이 도착하기를 기다렸다가 방을 배정받았다. 모두가 내리막길이 더 힘들다고 하였다. 장장 10시간 정도 걸린 셈이다. 안내서에는 7시간 정도 걸린다고 하였으나 나에게는 많이 걸렸으며, 힘든 여정이었다.

샤워를 하고 세탁도 샤워장에서 간단히 하였는데, 세탁은 지하에서 해야 하는데 실례를 한 셈이다.

저녁은 내가 누룽지와 라면스프를 내고 다른 사람은 컵라면을 내어 J 사장이 가져온 커피포트에 삶아 먹었다. 그런대로 먹을 만했다. 하기야 Bar와 푸드트럭에서 빵과 커피, 과일 등으로만 먹었으니 무엇인들 안 맛있겠는가?

피곤도 하여 일찍 잠자리에 들었으나, 코 고는 소리 등 잠자리가 불편하여 잠을 자다 깨다를 반복하였다. 새벽 4시에 일어나 샤워를 하고 휴게실에 혼자 앉아 있다 침대로 와 조금 더 잤다. 볼펜을 잃어버려 일기를 쓰지 못하였다. 30km 이상을 걸은 것 같다. (50,000보가 넘었다.)

2. 론세스바예스에서 수비리까지
(도보 순례 2일차: 2024.5.26. (일), 총 6일차)

난이도를 믿지 말자

아침 6시 40분에 동키 서비스로 짐을 부치고 7시경 론세스바예스의 숙소를 출발하였다. 비옥한 평야를 가로지르는 완만한 내리막길이라고 안내서에 소개되어 있고, 난이도는 별 세 개였다. 첫날의 난이도 별 다섯 개보다는 수월할 것이라고 생각하였다. 아마 그것이 일반적인 생각이었을 것이다. 초반에는 그랬다. 평지에 주변 환경 및 공기도 좋아 룰루랄라 걸을 수 있는 길이었다.

산티아고 순례길

쾌적한 숲길

　중간에 커피 한잔에 빵과 치즈케이크 등으로 아침 식사를 하였다. 주문받는 속도가 느려 시간이 오래 걸렸다. 또 한곳에서 쉬면서 J 사장님, Y 여사, O 선생님, N 선생님과 맥주와 빵을 나누어 먹고 출발하였다.

　여기서부터가 문제였다. 오르막이 심하지는 않았지만, 돌로 포장된 도로가 힘이 들었다. 에로(Erro) 지방을 지나면서 수비리(Zubiri)까지의 내리막길은 돌길이어서 주의를 요하며 걸었다. 상당히 가파르고 꽤 긴 바위 혹은 자갈로 된 길이다.

　내리막에 특히 어깨 통증이 심하여 가방을 손에 들고 걷기를 계속하였다. 중간중간 나를 기다려 준 J 사장님과 Y 여사가 고마웠다. 수비리의 숙소를 1km 정도 남겨 놓은 내리막길에서 잠시 쉬었는데, 내려오다가 보니 휴대폰이 없었다. J 사장님이 우리가 쉬었던 장소까지 가서 휴대폰을 찾아왔다. 우리가 쉬었던 곳을 떠날 때 내가 휴대폰을 보면서 이제 얼마 안 남았다고 이야기한 것이 기억나 그곳에 놓고 온 것 같았다. 금방 다녀올 것 같았는데, 우리가 상당히 많이 내려온 모양이다. 한참 만에 J 사장님이 휴대폰을 찾아왔다. 너무나 고마웠다. 휴대폰을 잃어버리는 경우, 앞으로 숙소 찾기가 불가능하고, 또 카드 등이 거기에 있어 순례길 초기에 큰 낭패를 볼 뻔하였다. 길에서 좀 떨어진 곳에서 쉬었기 때문에 찾을 수 있었던 것 같다.

조금은 편안한 마음으로 내려오니 얼마 안 되어 맑은 물이 흐르는 다리를 건너 목적지인 수비리에 도착하였다. 8시간 정도 걸린 것 같다. 숙소에 들어가기 전에 점심을 하기로 하고 Valentin이라는 레스토랑에서 내가 샌드위치 세 개와 맥주 3잔을 사서 나누어 먹었다. N 선생님과 O 선생님이 제일 먼저 도착하여 장을 보고 우리와 합류하였다. Zaldiko 알베르게에 2시 30분에 체크인 하고 샤워를 하였다.

수비리로 내려오는
상당한 경사의 바위 및 자갈길

수비리에 도착
(수비리 입구의 Puent de la Rabia 다리)

그리고 옆 개울에 가서 발을 담갔다. 무척 시원하여 피로가 풀리는 것 같았다. 내리막길에 양쪽 두 번째 발톱이 새까맣게 변했다. 다행히 물집이 생긴 곳은 없었다.

오늘도 K 선생님과 C 여사는 거의 4시가 다 되어 도착하였다. 어제보다 더 힘들었다고 한다. 특히 내리막길이 힘들었다고 한다. 첫째 날하고 둘째 날이 힘들어 잘 버티면 나머지는 잘 견딜 수 있다는 말을 신뢰하기로 하였다. 어떤 경험자는 수비리까지의 코스를 "Life is a roller coaster!"라고 표현한 바 있다.[11]

저녁은 Cafeteria polide portivo 식당에서 17.5유로에 순례자용 식사를 하였는데, 해물밥(빠에야), 쇠고기 스테이크, 아이스크림과 와인 등을 먹었다. 그야말로 만찬이었다. 모두가 만족한 것 같다. 끝나고 일부는 맥주를 더 하였으나, 나는 피곤하여 자고 4시에 일어나 휴게실에서 휴대폰 전등을 이용하여 일기를 쓰는데 C 여사가 문득 나오더니 너무 무리하지 말라고 한다.

3. 수비리에서 팜플로나까지
(도보 순례 3일차: 2024.5.27. (월), 총 7일차)

팜플로나와 헤밍웨이

휴게실에서 일기를 쓰다 5시 30분에 다시 침실에 들어가니, 하

---

[11] 출처: https://caminooflove.blogspot.com

나둘씩 일어나 5시 40분 불을 켰다. 우리 팀만이 투숙한 알베르게에서는 출발하기 한 시간 전에 불을 켜기로 합의하였다. 다른 외국인이나 다른 일행과 같이 묵을 경우는 불을 켜지 않고 조용히 출발 준비를 해야 한다.

짐 정리를 하고 7시경 수비리의 알베르게를 출발하였다.

오늘은 수비리에서 팜플로나(Pamplona)까지 가는 루트로 난이도는 별 한 개로, 수월한 루트로 설명되고 있다. 대략 21.4km를 걷는 것으로 되어 있다. 팜플로나로 흐르는 아르가 강(Arga River)과 함께하는 코스이다.

호젓한 순례길 풍경

출발은 함께하였으나, 걷다 보면 혼자 걷는 경우가 많다. 라라소아나(Larrasoana)까지 5.5km인데, 8시 조금 넘어 통과하였다. 여기서 아침을 먹으려고 하다가 50분 정도 더 가서 수리아인(Zuriain)에 도착하여 'La Parade de Zuriain'이라는 Bar에서 커피와 샌드위치를 주문해 먹었다. 바나나와 사과 하나도 먹고 약도 챙겨 먹었다.

초반에는 한적한 시골길을 혼자서 걸었다. 노래하면서 걸으면 힘이 덜 든다고 하여 노래를 부르며 걷기도 하였다. 못하는 노래이지만 임영웅의 '보랏빛 엽서'와 '별빛 같은 나의 사랑'을 부르며 가족 생각을 하였다. 완만하지만 오르막과 내리막이 있었다.

도중에 매번 만났던 한국의 젊은이들을 만났다. 발랄하고 열정적인 그대들에게 찬사를 보내고 싶다. 중간에 아침을 먹은 Bar에서부터 팜플로나까지는 11km로 표시되어 있었다. 2시간 만에 10km를 걸은 셈이다. 첫째 날이나 둘째 날보다는 수월하게 걸은 것 같다. 계곡물 소리를 들으며 혼자서 길을 걸었다.

수리아인을 지나 약간 오르막의 끝에서 만난 성당에 들렀다. 이 마을은 Esteribar 계곡에 길게 퍼져 있는 26개 마을 중 하나로, 팜플로나로부터 9km 떨어진 곳에 위치해 있다(론세스바예스로부터는 37km). 그리스도 공동체에서 부제였던 성 스테파노가 이 성당의 주보성인이었다. 성당에 들러 잠시 묵상을 하였다. 한국어로 표시된 '순례자를 위한 주님의 기도'가 인상적이었다.

당신의 숨결이 우리에게 오시어 순례자들을 돌보시며 순례길에서 넘어지는 사람들을 우리가 도와주듯이 우리의 약함을 도와주시길 간구하면서, "우리를 미움의 고통에 빠지지 않게 하시고 모든 악에서 우리를 구하소서"라는 내용으로 끝맺음을 하고 있다.

성당을 내려와 호젓한 오솔길을 걸으면서 '별빛 같은 나의 사랑아'를 부르며 녹음도 하였다.

Arre 지방을 지나면서 식당을 찾았으나, 결국 찾지 못해 계속 팜플로나로 갔다. 팜플로나에 도착하니 성곽이 아름다웠다.

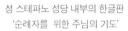

성 스테파노 성당 내부의 한글판
'순례자를 위한 주님의 기도'

팜플로나에 도착

팜플로나는 상당히 큰 도시였다. 1시경에 오늘 묵을 알베르게에 도착하였다. 알베르게에 짐을 풀고 보니 침대별로 커튼도 있고 등도 켤 수 있어 그중 나았다. 3시경에 라면과 누룽지를 맛있게 먹었다. 잠시 자다 저녁은 인근 이태리 식당으로 먹으러 갔다. 인솔자 선생님과 K 선생님, J 사장님, C 여사 그리고 순례길에서 만난 한국인 한 분과 같이 갔다. 새우가 들어 있는 빠에야와 오징어 먹물이 들어 검은색인 빠에야를 시켰는데, 처음에 한 번에 나오는 것이 3인분인 줄 알았는데, 각각 1인분이라서 양이 많았다.

포도주도 몇 병 시켜서 먹었다. 식당에서 나오다 팜플로나 대성당을 보러 갔다. 7시 30분부터 묵주기도회가 있다고 하였다. 일반 입장료는 5유로라고 한다. 밖에서 사진을 몇 장씩 찍고 성당 문 앞에서 스탬프를 찍었다.

팜플로나 대성당(Cathedral of Santa Maria)

Buen Camino의 각국의 표현이 적힌 안내판

성당 앞에 Buen Camino의 각국 표현이 적혀 있었는데, 영어로는 'Good Way', 독일어로는 'Richten Weg', 한국어로는 '궤도'라고 적혀 있었다. '좋은 여정' 내지 '편안한 여정' 등이 더 정확한 것이 아닌가 하는 생각을 하였다. 일본어로는 '正しい 軌道'라고 표현되어 있었는데, 이를 참조하여 대충 정한 것이 아닌가 생각된다.

저녁에 맥주 한잔 더 하자고 하여 리셉센장에서 K 선생님, J 사장님, Y 여사, N 선생님, 인솔자 선생님 등이 자리를 함께하였다. 10시 넘어 잠자리에 들었다. 각자 순례길에 오게 된 동기와 느낌 등을 이야기하고, 일부는 다음 생이 있다면 꼭 결혼을 해야 하는지, 지금의 상대와 해야 하는지 등 조금 심각한 이야기도 하였다. 허심탄회하게 지역 사투리로 이야기하는 것을 듣는 재미도 있었다.

팜플로나는 10세기부터 16세기 초반까지 나바라(Navarra) 왕국의 수도였던 곳으로, 성곽도 웅장하고 잘 가꾸어진 문화도시 같다. 1513년 스페인왕국에 복속되면서 나바라주의 주도가 되었다.

산 페르민 축제 헌정 동상

헤밍웨이가 이곳에 머물며 즐겨 찾았다던 카페도 있다고 들었다. 팜플로나는 가스띠요 광장을 중심으로 구도심과 신도심이 연결되는데, 엔시에르(Encierro, 투우 경기를 일컬음) 기념탑과 팜플로나 요새(Ciudadela de Pamplona), 나바라대학교 등이 신도심 거리를 통해서 연결된다. 특히 투우장 앞에는 팜플로나의 산 페르민(San Fermín) 축제를 세계적으로 널리 알린 미국의 대문호 어니스트 헤밍웨이의 흉상이 서 있다.

산 페르민 축제는 세계에서 가장 '미친 축제'라고도 알려져 있다. 매년 7월 6일부터 14일까지 스페인 팜플로나에서 열리는 이 축제는 민속음악, 춤 공연, 투우 등 150가지 행사가 열린다. 그러나 산 페르민을 세계적으로 유명하게 만든 것은 엔시에르이다. 엔시에르는 7월 7일 오전 8시 흰색 옷에 붉은 스카프로 단장한 축제 참가자들이 좁은 골목길을 메우고 있다가, 축제 기간 중 좁은 우리에 갇혀 있던 황소를 극도로 흥분시킨 뒤 미친 듯 날뛰는 황소에 쫓기며 언덕 위에서 아래쪽으로 달려가는 850m의 죽음의 질주를 말한다. 뿔이 무서운 황소들은 이런 식으로 매일 6마리씩 풀려나와 골목길을 달리게 되며, 성난 황소들의 종착역은 투우 경기장이다.

헤밍웨이는 그의 자전적 소설『태양은 다시 떠오른다』에서 팜플로나와 산 페르민 축제를 실감 나게 묘사하였다. 실제로도 헤밍웨이는 팜플로나와 이 축제를 매우 사랑했다고 한다.

4. 팜플로나에서 푸엔테 라 레이나까지
(도보 순례 4일차: 2024.5.28. (화), 총 8일차)

용서의 언덕까지의 오르막길과 그리고 내리막길

팜플로나 알베르게에서 6시 40분에 짐 정리를 하고 7시경 출발하였다. 팜플로나 시청 앞에서 일행이 기념사진을 찍었다. 바로 옆 카페는 헤밍웨이가 자주 찾았다고 하여 사진을 찍었는데, 실은 본점에 자주 왔고, 지점은 본점에서 헤밍웨이를 이용하여 마케팅을 한 것이라고도 한다.

팜플로나 시청 앞   헤밍웨이가 다녔던 카페의 본점이 아닌 지점

  인진지 양말이 새것이 없어 일반 양말만 신었더니 조금 불편하였다. 반드시 와세린을 바르고, 인진지 양말을 신고, 그 위에 등산 양말을 신으면 발에 물집이 잡히는 것도 예방하고 좋다. 실제로 도움을 받았다.

  문화유산의 가치가 충분한 구도심을 지나 시내를 가로지르며 용서의 언덕까지 가기 전에는 넓은 농경지가 발아래 펼쳐지고 있는데, 장관이었다.

팜플로나 도심에서 용서의 언덕까지의 풍경　　　　　　용서의 언덕(**Alto del Perdón**)의 조형물

　　풍력발전기가 여러 개 설치되어 있는 언덕에 용서의 언덕이 있었다. 철제로 순례자들을 표현한 조형물 앞에서 일행은 사진을 찍었다.

　　미움을 가졌거나 원망했던 모든 사람들에 대한 마음이 선한 마음으로 바뀔 수 있도록 해 달라고 기도하였다. 용서의 언덕을 지나서 내려오는 길은 자갈길로, 힘이 드는 길이었다.

　　용서의 언덕에 도착하기 전 Calle Mirader de Guenduláin의 작은 성당에 들러 한국어로 된 '산티아고 순례자의 묵상'을 기도하는 마음으로 읽고 순례자 여권에 스탬프를 찍었다. 묵상에는 '진실한 마음으로 산티아고 순례길을 걷도록 도와 달라는 내용', '매일 아침마다 주님을 위하여 헌신하는 시간을 가지며 주님과 함께 풍요스러워지겠다는 내용', '기도가 필요하거나 고통받고 있는 친

구들이나 가족들에 대해 이야기하겠다는 내용', '순례길의 성상을
마주칠 때마다 이러한 의도들을 도와주실 것을 청하겠다는 내용',
'믿음이나 부족한 믿음에 대해 이야기하겠으며 도움을 요청하는
내용', '기독교와 천주교의 신념을 알려 주시길 바라고 이에 응답
해 주실 것을 청하는 내용' 등이 담겨 있었다.

Calle Mirader de Guenduláin의 성당 내부

산티아고 순례자의 묵상

성당 앞 Bar에서 커피 한잔과 소시지가 든 샌드위치를 주문해
먹었다. J 사장님, Y 여사, N 선생님, O 선생님 등 사람들과 삶
은 계란 등을 나누어 먹고 용사의 언덕까지 같이 올랐으나, 내리
막길에서 헤어져 우테르가(Uterga), 오바노스(Obanos)를 거쳐 푸
엔테 라 레이나(Puente la Reina)의 알베르게 Gares에 1착으로 도
착하였다.

산티아고 순례길

내리막 자갈길은 발이 꺾이지 않도록 주의해야 하며, 발끝에 통증이 몰리는 듯하여 더욱 조심스럽게 걸어 내려왔다. 스틱을 사용하는 것이 무척이나 유용하다.

도착하여 샤워하고, 5유로를 주고 세탁기에 빨래를 돌렸다. 그리고 피곤하여 자리에 누웠다. 5시경에 삼겹살 요리를 하였다고 하여 주방에서 5명이 함께 먹었다. 포도주 4병과 함께 먹고, 각자 10유로씩 부담하였다. 설거지 등을 하고 알베르게 앞 의자에서 맥주 한잔씩 더 하였다. 자꾸 졸음이 몰려왔다. Y 여사는 성당 미사에 가고, 나는 곧바로 들어와 잠자리에 들었다.

푸엔테 라 레이나는 그리 큰 도시는 아니나 푸엔테 라 레이나(왕비의 다리)뿐만 아니라 성당도 유명한 것이 많다고 하였는데, 숙소에서 지내다 보니 시내 구경을 하지 못했다. 정보 차원에서 유명한 성당에 대해서 정리하고자 한다. 산티아고 성당(Iglesia de Santiago)은 멋진 입구가 유명하며, 내부에는 매우 큰 금박 제단이 있다. 또한 순례자 복장을 한 야고보 성인의 채색된 목조 조각상이 있다. 이 조각상을 바스크어로 '검은 산티아고'라는 뜻인 산티아고 벨차(Santiago Beltza)라고 부른다. 보수전에 야보고상이 검은 색을 띠고 있었기 때문이라고 한다. 십자가 성당(Iglesia del Crucifijo, Church of the Crucifix)은 칼레 델 크루시 피조(Calle del Crucifijo) 광장 옆에 있는데, 십자가 성당에는 장엄한 고딕식 십자가상이 있다. 전하는 이야기에 따르면, 중세 독일의 순례자들이 그들의 도시에서 창궐했던 전염병이 사라진 것에 감사하며 십자가상을 들고 순례했다고 하기도 하는데, 푸엔테 라 레이나에 이르자 십자가가

움직이지 않아 십자가상을 이곳에 두기로 결정하여 14세기부터 십자가 성당에 소장되었다고 한다. 또 다른 전설은, 어느 순례자가 카미노를 걷던 중 병이 나서 푸엔테 라 레이나에 머물게 되었는데, 수도원의 수사들이 극진하게 병든 순례자를 돌봐 주었는데, 산티아고까지 순례를 갔다 돌아오던 순례자들이 이에 감사하여 이 십자가를 만들어 선물을 주었다고 한다.[12] 십자가상은 스페인에서 보존된 고딕 양식의 이미지 중 최고의 작품 중 하나로 간주된다고 한다. 로마네스크 양식의 또 다른 본당에 있는 마리아상도 유명하다. 순례자를 위한 병원도 옆에 함께 있다. 이 사원은 12세기 말부터 시작되었으며, 사원 명령에 의해 산타 마리아 데 로스 우에르 토스(Santa María de los Huertos)라는 이름으로 설립되었다. 15세기 중반에 산후아니스타스 수녀원과 병원이 콤포스텔라로 가는 순례자들을 돌보기 위해 교회 옆에 세워졌으며, 탑은 중세 시대에 지어지기 시작하여 17세기에 완공되었다고 한다.[13] 산 베드로 성당(Iglesia de San Pedro Apostol)은 14세기에 건축된 교회로 내부에 흥미로운 제단을 갖고 있으며, 이전에 다리 위에 있던 퓌의 성모상(Virgen de Puy)이 보존되어 있다고 한다.

---

12 대한민국 산티아고 순례자협회(http://caminocorea.org/?page_id=1097)

13 https://turismo.navarra.com/

십자가 성당(Iglesia del Crucifijo, Church of the Crucifix)

5. 푸엔테 라 레이나에서 에스테야까지
(도보 순례 5일차: 2024.5.29. (수), 총 9일차)

왕비의 다리와 순례자의 마을

푸엔테 라 레이나의 숙소인 알베르게 Gares에서 아침 식사를 제공하여 빵과 오렌지를 먹고 7시경 출발하였다. 에스테야(Estella)까지 약 22km의 거리라고 한다. 푸엔테 라 레이나 다리(일명: 왕비의 다리)를 넘어서 완만한 경사로를 오르락내리락하는 것을 반복하며 주변의 밀밭과 포도밭 사이를 지나갔다. 푸엔테 라 레이나 다리는 매우 유명한 중세의 다리인데, 자세히 보지 못하고 사진 한 장 찍고 그냥 넘어갔다. 나중에 조사한 바로는 푸엔테 라 레이

산티아고 순례길

나라는 명칭은 아르가강을 건너는 11세기 로마네스크 다리에서 유래한 것으로 전해진다. 바스크어로 가레스라는 이름으로 불렸는데, 이는 '밀밭'이라는 뜻이라고 한다. 11세기 산초 엘 마요르 국왕의 왕비가 명령해 지은 것이라고 한다.[14] 길이가 110m이며, 다리 폭이 4m로 7개의 아치와 5개의 기둥으로 무게를 지탱하고 있다. 아치 한 곳은 지하에 묻혀 있고, 성인들의 모습이 다리에 그려져 있다고 한다. 예수님이 못 박힌 십자가와 돌 십자가도 있다. 다리 밑으로 내려가는 통로가 있다고 하는데, 아침 일찍 출발하면서 자세히 보지 못하고 지나간 것이 아쉽다.

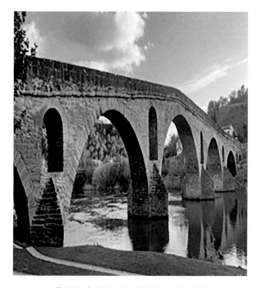

푸엔테 라 레이나 다리(일명: 왕비의 다리)

14 참고: 네이버 지식백과 푸엔테라레이나(Puente La Reina)(유럽지명사전: 스페인).

9시경 시라우키(Cirauqui)에서 커피와 바나나 등을 사서 5명이 같이 나누어 먹었다. 그 바에서 우리 일행 모두를 만났다.

시라우키(**Cirauqui**)의 순례길　　　　무네루(**Muneru**)의 순례길

다시 출발하여 로르카(Lorca) 지역에서 스페인 남자와 한국인 여자 부부가 운영하는 Albergue de Lorca에 들러 여사장님이 추천하는 샐러드와 토르티야, 아이스 커피 등을 주문해 먹었다. 여사장님은 스페인 남자와 결혼하여 여기에 정착하여 사신다고 한다. 우리를 친절하게 대해 주시며 로그로뇨에는 중국집이 있고, 부르고스에는 '소풍'이라는 한국 식당이 있다는 정보를 주시기도 하였다.

비야투에르타(Villatuetta)를 거쳐 에스테야까지 오는 동안은 길은 어렵지 않았으나, 날씨가 무척 무더웠다. 에스테야에 다다르기 전에 웬 멀쩡하게 생긴 사람이 4유로만 달라고 하여 급한 사정이 있나 보다 생각하고 4유로를 주었더니 일행들은 그 사람이 상습범이라고 하면서 내가 삥(돈)을 뜯겼다고 놀렸다. 에스테야 시내에 들어와서도 1km 이상을 더 걸어 오늘의 숙소인 Capuchinos 알베르게에 도착하였다.

도착하여 샤워하고 간단히 세탁을 한 다음, 알베르게 뒤뜰 정원에서 밀린 일기를 썼다. 일기를 쓰다 의자에서 뒤로 넘어졌으나, 오른쪽 팔꿈치만 살짝 긁혔다. 그만하기를 다행이다. 저녁에는 출발과 식사도 같이 하면서 하나의 팀이 된 5인(나, J 사장님, Y 여사, N 선생님, O 선생님)이 라면을 끓여 먹자고 한다. 집에서 아들이 왜 아빠는 생존 보고가 없느냐고 카카오톡을 보냈다. 오늘은 소식을 전하기로 하였다. 5시경 신라면에 계란과 누룽지를 넣어 끓인 것을 저녁으로 먹었는데, 그 맛이 일품이었다. 나는 계란 한 판 값으로 10유로를 협찬하였다. 6시 30분부터 5명이 맥주를 한 잔씩 더하면서 끝말잇기 게임을 하였다. 무척 재미있었다. 사자성어로 끝말잇기를 하면서 앞으로의 공통 비용으로 100유로를 모았다. 이 공통 비용으로 점심, 저녁을 해결하기로 하였다. 모자라면 더 걷기로 하였다.

우리의 숙소가 에스테야의 마을 끝에 위치하고 있어 시내 구경을 하지 못했다. 에스테야는 스페인 나바레 자치지역 중서부에 있는 자치단체로, 팜플로나 및 아라곤 왕국의 산초 라미레스 왕이 1090년 고대 리사라 지역에 마을을 건설했다고 한다. 기념비적인 유적들, 예를 들어 산 페드로 데 라 루아 교회, 산 미겔 교회, 신성 무덤 교회, 나바레 왕궁 등을 들 수 있다.[15] 특히, San Juan Bautista Church에서 오후 7시부터 있는 미사에 참석하지 못한 것이 못내 아쉽다.

6. 에스테야에서 로스 아르코스까지
(도보 순례 6일차: 2024.6.30. (목), 총 10일차)

포도주가 나오는 이라체의 샘(Fuente de Irache)의
수도꼭지와 아름다운 흙길

   에스테야의 알베르게 Capuchinos에서 4시경 일어나 샤워를 하고 먼저 기상하였으나, 어떻게 어물쩍하다 보니 짐을 꾸리는 것이 늦어 J 사장님이 침낭 정리를 도와주었다. 나는 참 손이 많이 가는 사람이다. 이 알베르게는 수녀원을 개조한 알베르게로, 시설도 괜찮았다. 6시 40분경 숙소를 떠나 오늘의 목적지인 로스 아르코스(Los Arcos)까지 23km 정도의 여정을 시작하였다. 좀 더 자세히는 아예기(Ayegui)(1.8km) → 이라체(Irache)(2.5km) → 아즈쾌타(Azqueta)(3.2km) → 만하르딘(Villamayou de Monjardin)(1.8km) → 로스 아르코스(Los Arcos)(12.2km)의 순서로 가는 여정이다. 오늘부터는 일찍 떠날 분, 식사 후 떠날 분들을 구분하여 자율적으로 출

---

15 참고: 네이버 지식백과 에스테야[Estella] (유럽지명사전: 스페인)

발하기로 하였다. 늘 같이 출발하는 5명은 아침 일찍 떠나는 것을 택하기로 하였다. 아침 기온이 10도, 한낮 기온이 19 정도로, 시원한 날씨가 예보되었다.

먼동이 트는 거리를 지나가며 감상하다 보니 벌써 아예기(Ayegui)에 도착하였다. 아예기에서 늘 함께하는 일행 5명이 기념사진을 찍었다.

출발 후 4km 지점에 와인이 나오는 이라체(Irache)를 지나게 되는데, 여기서는 유명한 포도주를 마실 수 있는 수도꼭지를 볼 수 있다. 이 수도꼭지는 보데가스 이라체(Bodegas Irache)라는 포도주 제조업체가 만들어서 순례자들에게 무료로 포도주를 제공해 주는 것이다. 네모난 돌 위에 새겨져 있는 문구는 산티아고에 힘과 활기를 가지고 도달하고 싶은 이에게 여기 있는 포도주 한 모금이 행복을 가져다줄 것이라는 내용을 담고 있다. 10시가 되어야 포도주를 받을 수 있다고 들었으나, 8시 전에 도착하였는데 수도꼭지에서 포도주가 나와 물병에 담았다. 한쪽 꼭지에서는 포도주가 나오고, 다른 한쪽 꼭지에서는 물이 나온다. 포도주는 맛이 그렇게 좋지는 않은 것 같다. 나는 한 모금만 먹고 나중에 우리 팀이 음식을 만들 때 사용하도록 하였다.

출발 후 아스케타(Azqueta) 지역에서 5인이 커피 한잔씩과 샌드위치 2개를 사서 나누어 먹었다. 가방에 있던 빵과 계란도 하나씩 먹었다. 아스케타에서 로스 아르코스까지 가는 길은 전형적인 농경지 사이의 길이었고, 그 길을 평화롭게 걸으면서 주변 풍경을 감상했다.

포도주가 나오는
이라체의 샘(Fuente de Irache)의 수도꼭지

순례길 풍경

비포장의 흙길을 완만하게 오른다. 비야마요르 데 몬하르딘 (Villamayor de Monjardin)으로 들어오기 바로 전 포도밭 옆에 13세 기 풍의 고딕 양식으로 만들어진 샘이 있었다. 이 샘은 '무어인의 샘'이라고 불린다. 중세에 만들어졌다고 하는데, 먹을 수는 없고 포도밭에 물을 주는 데 사용한다고 한다. 바로 뒷산에는 9세기에 지어진 '몬하르딘 성'이 보인다. 이 성은 아스케타에서 오면서도 볼 수 있었던, 멀리 산 위에 있는 성이다. 몬하르딘 성은 10세기 엔 데이오 팜플로나 왕조의 요새로, 10세기에 산초 가르세스가 이슬람교도를 물리친 요새라고 한다. 산 에스떼반 데 데이오 성 (Castillo San Esteban de Deyo)으로도 부르는 이 성은 14세기에 보수 되었으며, 현재도 복원 작업이 이루어지고 있다고 한다.

비포장의 흙길과 멀리 보이는 몬 하르딘성

무어인의 샘

바로 도착한 비야마요르데 몬하르딘 입구에는 유명한 산 안드레스 사도 성당(Iglesia de San Andres Apostol)이 있다. 후기 로마네스크 양식의 건물이며, 거대한 탑은 18세기의 바로크 양식이라고 한다. 성당 안에는 12세기의 로마네스크 양식으로 만들어진 행진용 대형 십자가가 은으로 싸인 상자 안에 보관되어 있다고 한다. 이 십자가는 나바라의 로마네스크 양식 금은 세공 작품 중 가장 가치 있는 작품으로 평가된다. 그러나 외부 공사 중이고, 문을 안 열어 내부를 구경하지는 못하였다. 비야마요르 데 몬하르딘의 Bar를 지나쳐 푸드트럭에서 오렌지 주스를 시켜서 먹었다. 여기서부터 로스 아르코스까지는 Bar가 없다. 평이한 오르막도 있었지만, 시골의 풍경이 매우 아름다운 길을 걸어갔다. 가는데 남녀의 악사가 연주하는 곳이 있어 약간의 동전을 기부하였다.

로스 아르코스 시내에 들어서니 제법 도시가 고풍스럽고 좋아 보였다. 성당도 제법 컸다. 내비게이션이 갑자기 이상해져서 약간 헤매다가 오늘의 숙소인 Hotel La Casa Austria Source(Albergue La Fuente Casa de Austria)에 도착하였다.

Y 여사와 O 선생님이 장을 먼저 보자고 하여 마트에 가서 고기, 쌀, 채소 등을 사서 가지고 왔다. 43유로 정도의 비용이 들었다. 어제저녁에 거둔 100유로 중 점심 전 비용과 이번 비용을 제외하고 30유로가 남았다고 한다. O 선생님이 총무 역할을 잘해 주었다. 나는 장을 보고 온 후 샤워와 세탁을 한 다음 빨래를 널었다.

4시경 Y 여사가 셰프(Chef)로서 고기, 된장국을 맛있게 준비해 주어 정말 잘 먹었다. 설거지는 내가 하였다. 잠시 쉬고 있는데, 어제에 이어 끝말잇기 게임을 하자고 하여 다시 모였다. 끝말잇기 게임을 통하여 공통 비용을 균등하게 마련하였다.

잠시 침실에서 일기를 쓰고 이어 8시 미사에 참석하기로 하였다. 대성당은 산타 마리아 성당(Lglesia de Santa Maria de Los Arcos)으로, 매우 유명한 성당으로 문화재적 가치가 높은 역사적 명소라 한다. 이 성당은 12세기의 로마네스크 양식이 바로크 양식으로 바뀌는 변화가 느껴지면서 조화를 이루는 성당으로, 팔각형의 탑은 산티아고로 가는 길에 볼 수 있는, 가장 높으면서 가장 아름다운 탑 중 하나로 평가되고 있다. 그리고 산타 마리아 성당의 아름다운 복도 한가운데에는 그늘에서 보관 중인 성모상이 있는데, 이 성모상은 6월 15일에만 햇빛에 내놓는다고 한다.

성당 내부

산타 마리아 성당 입구

산티아고 순례길

성당 앞에서 왼쪽을 보면 두 개의 첨탑 아래 문이 하나 있다. 이것이 바로 '까스띠야 문'인데, 이 문은 17세기에 만들어졌고, 1739년 펠리페 5세에 의해 보수되었다고 한다. 로스 아르코스를 나설 때는 이 문을 통과하여야 한다. 8시 미사에 참석하러 갔더니 각국에서 온 순례객들이 문 앞에서 서성이고 있었다. 8시 미사를 보러 온 것 같은데, 한참을 지나 어느 분이 오시더니 장례미사 관계로 오늘 미사는 취소되었다고 한다. 미리 성당을 방문하여 둘러보고 스탬프를 받은 것이 다행이라고 생각되었다.

가스띠야 문

인솔자 선생님이 문자 메시지로 이 알베르게 이름에 오스트리아(Austria)가 들어간 이유를 설명해 주었다. 스페인 사람이 수녀로부터 포도원을 사기 위하여 왔다가 잠깐 수녀의 집에 들렀다고 한다. 그런데 집을 딱 보니 순례자들을 위한 알베르게를 짓기 위한 너무 완벽한 장소라는 생각이 들어서 집도 같이 구매하여 알베르게로 개조하였다고 한다. 알베르게 운영을 위하여 조언을 듣기 위하여 전 세계 각국에 메일을 보냈는데, 오스트리아 카미노 협회 회장에게서 연락이 왔다. 이때 회장의 제안이 '숙박비를 다른 곳보다 싸게 유지'하고, '알베르게 이름에 오스트리아를 넣는 조건'으로 매년 기부금을 보낸다고 했고, 결국 그 제안을 허락하여 2002년부터 지금까지 이 알베르게가 유지되고 있다고 한다.

7. 로스 아르코스에서 로그로뇨까지
(도보 순례 7일차: 2024.5.31. (금), 총 11일차)

나바라주에서 라리오하주로 들어서다

오늘도 6시 40분에 동키 서비스를 보내고 7시에 로그로뇨(Logroño)를 향해 출발하였다. 오늘 거리는 총 27.6km로, 난이도는 별 두 개로 표시되고 있다. 로스 아르코스를 출발하여 산솔(Sansol) 지방에서 5인이 간단히 조식을 먹었다. 출발은 같이하지만, 걷다 보면 혼자 걷는 시간이 많다. 오늘도 평이한 도로가 많았다. 시골길 양옆으로 곡식(밀)과 포도나무, 꽃들이 보기 좋은 광

밑밭 사이로 난 순례길

경을 연출하였다.

10km 지점인 토레스 델 리오(Torres del Rio)에서 성당에 들렀는데, 1유로를 받고 스탬프를 찍어 주었다. Iglesia del Santo Sepulcro 성당이다. 성당 근처의 Bar에서 점심 식사를 하고 비아나로 출발하였다.

토레스 델 리오를 지나 돌무더기들이 많이 쌓여 있는 Armananzas를 거쳐 Bargota 지역에 도달했을 때 로그로뇨는 16.7km, 비아나는 7.7km가 남았다는 표지판이 나타났다. 그리고 지금까지 나바라(Navarra)주에서 라리오하(La Rioja)주로 넘어가는 데에는 12.7km가 남았다는 표지판이 나타났다.

여러 기원을 담은 돌무더기와 부착물

비아나 도착 직전 오른쪽 큰 흙 언덕

돌을 쌓아 만든 돌무더기는 무엇을 기원하는 신앙과 관련이 있다. 이것은 동서양이 똑같은 것 같다. 이어 도로를 건너고 비아나(Viana)로 향하는 길목으로 접어들었다. 도로를 따라가는데, 오른쪽에는 고원보다는 작은 언덕이 인상 깊게 놓여 있다. 포도밭을 지나 드디어 비아나에 도착하였다.

산티아고 순례길

비아나는 제법 고풍스러운 도시고 시장도 열리는 활발한 도시였다. 비아나에서 점심을 먹고 로그로뇨를 향하여 출발하였다.

비아나의 성당을 벗어나 지하도와 나무 육교를 넘어가면 바로 오른편에 라리오하(La Rioja)주의 경계 표시판이 보인다. 이제 나바라(Navarra)주가 끝나고 라리오하주에 들어선 것이다. 조금 지나니 멀리 라리오하주의 주도인 로그로뇨시가 보이기 시작하였다.

로그로뇨 직전 라리오하주에 들었음을 알려 주는 표시판

라 리오하는 스페인에서 가장 작은 자치주이자 가장 좋은 포도주를 생산하는 지역으로, 특히 적포도주는 세계 최고라고 한다.

로그로뇨로 가는 도중 만난 지하도

다음 날 아침 떠날 때 본 피에드라 다리

산티아고 순례길

로그로뇨까지는 비교적 난이도는 높지 않지만, 거리가 길어 피곤하였다. 로그로뇨 시내에 들어와서도 유명한 피에드라 다리(Puente de Piedra)를 건너 알베르게까지는 제법 시간이 걸렸다. 스페인에서 가장 유량이 많다는 에브로(Ebro)강 위에 서 있는 이 다리는 로그로뇨로 들어오는 길에 있다. 전하는 이야기에 따르면 산토 도밍고 데 라 칼사다의 제자인 산 후안 데 오르테가가 12개의 아치와 세 개의 방어용 탑이 있는 석조 다리를 지었다고 한다. 그러나 상징인 3개의 탑은 1871년에 무너졌고, 오래된 다리의 잔해를 활용하여 1884년에 일곱 개의 아치와 원통형 기둥이 있는 다리로 개축되었으며, 1917년 늘어나는 교통량 때문에 콘크리트를 사용하여 다리를 현대화했다고 한다. 이 다리는 UNESCO 문화유산으로 등재되었다고 한다. 다리 건너편에는 산 후안 데 오르테가에게 봉헌된 성당이 있다.

막판에 구글 지도가 헷갈려 약간의 시간을 지체하였으나, N 선생님과 1착으로 알베르게 알바스(Albas)에 도착하였다.

3시에 도착하여 샤워하고 맥주 한잔을 하고 들어와 휴식을 취하였다. 오늘 K 선생님은 전화가 안 되고 하여 인솔자 선생님이 나중에 모시고 왔다. J 사장님, Y 여사, N 선생님은 오후에 맥주를 많이 마신 모양인지 약간 취기가 돌았다. 저녁 시간이 되어 5인이 중식당에 가서 식사하면서 포도주를 세 병 더 먹었다. 80유로가 나왔는데, 우선 N 선생님이 계산하고 공통 비용으로 처리하기로 하였다. 술들이 다소 과한 듯했다. 양치하고 자려고 하는데, J 사장님이 한잔 더 하자고 한다. 바로 옆에 있는 Bar에 가서 J

사장님, Y 여사와 포도주 2병을 마시고 들어와 잤다.

이날 술에 취한 일행 중 한 명이 순례객의 사물에 실수를 범하였다. 술을 같이 먹은 우리 모두가 공범이라는 생각이 들었다. 순례길이 이제 어느 정도 적응되고 숙소에 도착하는 시간이 빨라지니 술을 먹는 기회가 많아진다. 순례의 목적에 비추어 볼 때 음주를 자제할 필요가 있다는 것을 강하게 느꼈다.

순례자들을 위한 미사가 8시에 산타마리아 데 라 레돈다 대성당(Concatedral de Santa Maria de la Redonda)에서 있다고 하는데, 음주한 관계로 가지 못했다.

8. 로그로뇨에서 나헤라까지
(도보 순례 8일차: 2024.6.1. (토), 총 12일차)

카미노 표시에 인색한 대도시, 나헤라까지의 길고 긴 순례길

아침에 일어나니 전날 늦은 저녁에 발생한 일행의 실수로 인해 분위기가 좋지 않았다. 나는 당사자에게 진솔한 사과를 하고, 책임질 것이 있으면 책임지겠다고 하라고 조언하였다. 로그로뇨의 알베르게 알바스를 7시가 넘어 떠나 나헤라(Najera)로 출발하였다.

아침에 어수선한 분위기 속에서 안경이 없어져 찾다가 여분으로 준비해 온 안경을 쓰고 출발하였다. 몇 분은 부상이 우려되어 버스나 택시로 가기로 하였다고 한다.

나 혼자 출발하였다. 어제 건너온 유명한 피에드라 다리(Puente de Piedra)까지 가서 순례길 표지를 찾아서 떠나면 된다. 그러나 다리까지 갔는데, 특별한 순례길 표시를 발견하지 못하여 다리를 건넜다가 아무래도 이상하여 다시 다리 반대 방향으로 돌아왔다. 다행히 Camino de Santiago 표시를 발견하고 한참을 갔는데, 더 이상의 표시가 나타나지 않아 지나가는 사람에게 물어보았다. 젠장, 다시 다리 쪽으로 돌아가라고 한다. 다시 다리로 가니 마침 J 사장님, Y 여사, O 선생님이 다리를 건너가고 있었다. 이들과 같이 다리를 건너 강을 따라가다가 다시 물어보니 한 분이 영어로 다리를 건너 시내로 가면 표식을 발견할 수 있을 것이라고 친절히 안내를 해 주었다. 한 30분을 헤맨 것 같다. 대체로 큰 도시를 빠져나오는 길에 순례자길 표시가 인색한 것 같다. 로그로뇨 시내를 통과하는 데 상당한 시간이 걸렸다. 로그로뇨 시내는 비교적 깨끗한 편이었다. 8시 30분경, 넷이 시내에서 커피와 샌드위치 등을 나누어 먹었다. 시내를 벗어나서는 완만한 오르막이 반복되었고, 잔디가 잘 가꾸어진 공원도 만나게 됐다. 도중에 청설모가 사람을 무서워하지 않고 재주를 부리는 것을 보았다.

이곳에는 개들도 목줄을 한 경우를 거의 볼 수 없고 사람에 친화적이나, 송아지처럼 큰 개가 오면 두려움이 생기는 것은 사실이다. 로그로뇨 시내를 벗어나 큰 나무 사이 도로에 난 순례길을 걸은 다음 제법 큰 그라헤라 저수지(Pantano de la Grajera)를 지나게 된다. 저수지에는 낚시하는 사람들이 많았다. 한 젊은이가 30cm가 넘는 물고기를 잡고 기념사진을 찍고 있었다. 축하한다고 하고 물고기 이름을 물으니 '깡데기'라고 한 것 같다. 우리나라의 잉어하고 비슷하게 생겼다.

사람을 무서워하지 않는 청설모

그라헤라 저수지

그라헤라 공원(Parque de la Grajera)을 지나 완만한 그라헤라 고개를 지나고, 한 성당에 들어가 기도를 드리고 스탬프를 찍었다. 여기서 조금 더 가 나바레테(Navarrete)에 도착하였다. 거기서도 우선 성당에 들렀다.

그리고 성당 옆에서 점심을 하기로 하였으나, O 선생님이 속이 안 좋아져 Y 여사와 함께 택시를 타고 간다고 하여 J 사장님과 둘이 간단히 샌드위치와 오렌지주스를 시켜 먹었다. K 선생님도 오늘은 일찍 도착하여 커피 한잔을 하고 있어 내가 사진을 찍어 드렸다. 순례길 초기부터 만났던 한국인 2분은 오늘 여기서 묵는다

산티아고 순례길

고 한다. 이제 여기서 헤어지면 산티아고까지 가는 길에 만날 확률은 적어지는 것 같다.

  다시 둘이 출발하여 다소 지루한 신작로 길과 포도밭 사이의 비포장도로를 계속해서 걸어갔다. 8km가 남겨진 지점인 벤토사(Ventosa)에서 점심 식사를 간단히 하고 물도 사서 마시고 출발하였다.

운명을 다한 순례자를 기념하는 탑

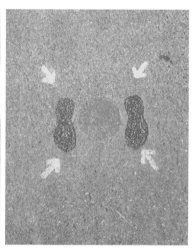
순례길 바닥에 그려진 이해하기 어려운 그림

  벤토사부터 나헤라까지는 평지에 포도밭 사이를 걸어가는 길이 대부분이었다. 나헤라 입구에 도착하였을 때 산에 높이 솟아있는 십자가와 첨성대같이 생긴 건물(돌탑)이 인상적이었다. 이 돌탑 앞에 안내판은 스페인어라 잘 이해하지 못했다. 나중에 알아

보니 샤를마뉴의 기사 롤랑과 무어인인 시리아 출신의 나헤라 거인 페라구트와의 전투16에서 롤랑이 승리로 끝나며, 이 지역에서 이슬람이 물러나는 결정적 계기가 되었다는 내용이었다.

로그로뇨에서 출발하여 무려 9시간 가까이 걸린 4시 5분에 Albergue El Perigrino Najerino에 도착하였다. 나헤라는 옛 나바라의 수도였다고 하는데, 입구에는 신시가지가 있어서 옛 건물을 볼 수 없었다. 강을 건너면 구시가지가 있다고 한다.

사를마뉴의 기사 롤랑과 무어인인
시리아 출신의 나헤라 거인 페라구트와의
전투를 설명하는 안내판과 돌탑

---

16 나헤라는 샤를마뉴의 조카 롤랑과 골리앗의 후손인 거인 페라구트의 전투에 관한 전설의
배경이 되는 곳이다. 롤랑과 페라구트의 싸움은 피가 낭자하고 치열했으며 승자가 가려
지지 않았다. 롤랑은 휴전을 제안하고 페라구트를 만나 그의 친구가 되고 싶다고 가장하
며 거인에게 술을 먹였는데, 거인은 술에 취해서 자신의 약점은 배꼽이라고 고백해 버렸
다. 다음날 롤랑은 그를 화나게 만든 다음 그와 맞붙어 싸우다가 배꼽에 창을 찔러 페라
구트를 쓰러트리고 승리를 거두었다고 한다. 이들의 싸움을 표현한 그림이나 조각 중 가
장 유명한 것이 나바라 왕궁의 주두에 있는 것이라고 한다. (참고: 대한민국 산티아고 순
례자협회)

산티아고 순례길

멀리 보이는 나헤라와 산에 높이 솟은 십자가

　샤워하고 저녁은 추천받은 숙소 옆 중식당인 Sofia Restaurant에서 볶음밥, 탕수육, 마파두부를 먹으려고 하였으나, 먼저 갔다 온 분들이 맛이 없다고 하여 Y 여사가 점심때 만들었다는 볶음밥과 된장국을 맛있게 먹었다.

　리셉션장에서 밀린 일기를 정리하다 10시 가까운 시간에 취침하기 위해 침실로 들어갔다. 나헤라에선 늦게 도착하고 피곤하여 시내 구경을 하지 못했는데, 산초 엘 마요르 왕은 나헤라를 왕국의 수도로 삼았으며, 산티아고 순례길을 지나가게 함으로써 도시를 발전시켰다고 한다. 이러한 역사적 배경으로 나헤라에는 산타 마리아 라 레알 수도원같이 훌륭한 건축물이 많다고 한다.

9. 나헤라에서 산토 도밍고 데 라 칼사다까지
(도보 순례 9일차: 2024.6.2. (일), 총 13일차)

처음으로 궤도를 이탈하였다 그러나 의미는 있었다

　아침 일찍 일어나 짐을 챙기고 Y 여사가 타 준 커피를 먹고 아울러 어제저녁 못 먹은 닭 날개 일부를 먹었다. 7시 전에 나헤라의 알베르게를 출발하였다. 나헤라 다리를 건너 도시를 벗어나기 전에 순례길 표시가 없어(있었는데 발견을 못 함), 붉은 퇴적층이 겹겹이 쌓인 그랜드 캐니언 같은 모습의 절벽(어떤 분은 마치 벌집 같다고 표현)을 보면서 갔는데, 계속 고속도로로 안내하였다. 석회암과 충적토가 많은 이 땅은 잡초를 억제하는 동시에 포도나무의 성장을 촉진한다고 한다. 그래서 여기서 생산된 포도는 일반 포도보다는 알이 작고 단맛이 강하다고 한다. 이 붉은 황토와 포도나무는 레온까지 계속 이어진다.

　순례자 지도가 아니라 구글맵을 켜고 갔는데, 계속 고속도로로 안내하였다. 원래는 나헤라를 출발하여 아소프라(Azofra, 5.8km)에서 조식을, 시루에냐(Ciruena, 3km)에서 점심을 먹고 오늘의 목적지인 산토 도밍고 데 라 칼사다(Santo Domingo de la Calzada)에 오후 1시경 도착할 예정이었다. 대부분의 구간이 경작지 사이로 난 시골길로 유채꽃밭을 감상하며 걷는 길인데, 아쉽게 되었다.

나헤라 다리를 건너기 전

그랜드 캐니언 같은 붉은 퇴적층

길을 잘못 들어 나헤라의 대표적인 건물로 알려진 산타 마리아 라 레알 수도원(Monasterio de Santa Maria la Real)을 보지 못하고 간 것이 안타깝다. 이 수도원은 나바라의 왕 가르시아 6세에 의해 11세기에 세워진 클뤼니 수도원으로, 로마네스크양식의 건축은 흔적만 남아 있고 15-16세기에 재건축되었다고 한다. 건축 양식은 고딕 양식이며, 수도원 안에는 성당, 왕가의 영묘, 기사들의 회랑 등이 있는데, 15세기의 아름다운 성모상이 보관되어 있다고 한다.[17]

Camino de Santiago의 길 안내 표시를 발견하지 못해 구글맵을 따라갔는데, 고속도로로 안내한 것이다. 한 10km 정도를 간 후 고속도로 근처에서 계란 2개와 닭 날개 한쪽씩을 나누어 먹었다. 중간에 마을이 나오지 않아 Bar도 들르지 못하고 왔지만 색다른 경험이었다. 숙소에서 7.7km 정도 남겨 두고 고속도로에서 벗어나 옆의 비포장도로로 나갔으나, 그 도로 역시 고속도로 옆을 따라가는 길이었다. 계속 걸어서 목적지인 산토 도밍고 데 라 칼사다에 거의 다 온 근처 주유소에서 물 하나씩 사서 마시고 숙소에 도착하니 12시 10분밖에 되지 않았다. 이렇게 일찍 도착한 것은 처음이다. 구글맵이 최단 코스를 안내한 것이다. 아직 동키 서비스로 보낸 짐이 안 와 밖에서 커피 한잔씩 하고 있는데, 짐이 왔다.

---

17 나바라의 왕 돈 가르시아의 매가 비둘기를 쫓다 두 마리가 다 사라졌다. 이에 왕이 매를 찾아 나섰다가 동굴을 발견하여 동굴 안에 들어갔더니 찬란한 빛을 내는 백합화병과 성모 마리아상이 있었다고 한다. 그리고 그 옆에 매와 비둘기가 친구처럼 나란히 앉아 있었다고 한다. 왕이 이 자리에 성소와 수도원을 지으라고 명령하여 땅을 파기 시작하였는데, 수많은 성인과 순례자의 유해가 나와 이곳을 나바라 왕의 묘지로 쓰기로 했다고 한다. 이것이 수도원의 기원이라고 한다. (참고: 대한민국 산티아고 순례자협회)

산토 도밍고 데 라 칼사다까지의 고속도로 옆길

　J 사장님과 O 선생님이 라면 등을 사기 위해 마트에 가고, 나는
짐을 풀고 샤워를 마쳤다. Y 여사가 라면을 맛있게 끓였다. 마침
도착한 N 선생님과 함께 5인이 맛있게 먹었다. 설거지는 내가 하
였다. 점심을 먹고 나니 2시 30분이었다. 다른 사람들은 아직 도
착하지 않았다. 잠시 휴식을 취하다 4시 이후 산토 도밍고 데 라
칼사다 시내를 둘러볼 예정이다. 시내는 여러 개의 광장이 있으
며, 그 주위에 대성당 등 많은 종교적, 문화재적 가치가 있는 건축
물을 볼 수 있다. 특히, 파라도르(스페인 국영 호텔), 대성당(박물관,
막달레나 예배당, 제단 장식, 산토
도밍고 무덤, 성당 뒤 닭장), 그리
고 대성당탑 등 볼 것이 많다
고 안내되어 있었다.

　오늘 숙소인 Albergue Cof-
radia del Santo에 도착하기
직전에 잠깐 들른 곳이 수태
고지의 성모 수도원(Monaster-
io de Nuestra Senora de la Anunci-
acion)이다. 이 수도원은 1620

수태고지의 성모 수도원

년에 완공된 건물이라고 한다. 현재는 순례자들의 숙소로 쓰이고 있으며, 수도원의 수녀들이 운영하고 있다고 한다.

산토 도밍고 데 라 칼사다 대성당

산티아고 순례길

우리 알베르게 바로 옆에는 산토 도밍고 데 라 칼사다 대성당 (Catedral de Santo Domingo de la Calzada)이 있었다. 입장료가 5유로였다. 그래서 한 시간 후에 오겠다고 하고 스탬프만 찍고 왔다. 대성당은 12세기에 세워져서 13세기, 15세기, 18세기에 여러 번 증축과 보수를 거쳤으며, 로마네스크 양식의 제단부는 여덟 개의 기둥으로 마요르 소성당(Capilla Mayor)과 분리된다.

　그 옆의 시계탑(종탑)도 무척 유명한 것 같은데, 역시 입장료를 받았다. 스페인 문화유산으로 지정되어 보존 및 관리에 신경을 쓰는 것 같다. 이 탑은 70m로 La Rioja 지방 전체에서 가장 높은 탑으로, 18세기에 만들어져 아직도 작동하고 있는 시계를 포함하고 있다고 한다. 이 탑은 Martin de Beratua의 작품으로 교구 주교인 Andres de Porrasy Temes의 명에 의해 만들어졌다고 한다. 이 탑은 성당을 위하여 건축된 세 번째 것이라고 한다. 첫 번째 것은 번개에 의해 파괴되었고, 두 번째 것은 기초 문제로 철거되었다고 한다. 기초에 영향을 주는 지하수를 방지하기 위하여 성당으로부터 몇 미터 떨어져 건축된 것이 그 이유라고 한다. 이 탑은 8개의 종을 보유하고 있는데, 그중 2개가 1시간과 15분마다 울린다고 한다.

대성당의 종탑

산토 도밍고 데 라 칼사다의 거리

이곳을 포함하여 스페인의 식당이나 상점이 휴식을 위하여 일정 시간 문을 닫는 것을 시에스타(Siesta), 일명 낮잠 시간이라고 하는데, 처음에는 이해하기 어려웠다. 순례자 이외에도 수요가 있을 텐데 시에스타는 철저히 지키고 대개 일찍 마감하고 닫혀 있는 가게들이 많았다.

우리가 도착한 날이 그리스도의 '성체 성혈 대축일'로, 로마 전례에서 예수 그리스도의 몸(성체)과 피(성혈)로 이루어진 성체성사의 제정과 신비(성변화)를 기념하는 대축일이다. 전통적으로 삼위일체 대축일 후 첫 번째 목요일에 지켜지는데, 우리나라에서는 사목적 배려로 원래 날짜보다 3일 뒤인 일요일로 옮겨 지낸다. 일부 지역에서는 이날 미사가 끝나면 성광에 성체를 모시고 성체 거동과 성체 강복을 하기도 한다. 가톨릭 신자가 대다수인 몇몇 나라나 지역에서는 공휴일로 지내고 있다. 알베르게 옆 거리에서 행진하고 있고, 바닥에 꽃들로 꾸며 놓았는데, 그 이유도 오늘이 '그리스도 성체 성혈 대축일'이어서 그런 것이다.

성체 성혈 대축제 행사

저녁은 5인이 피자, 파스타, 햄버거, 토르티야를 시켜 서로 공유하면서 맥주와 함께 먹었다. 지난번 사건도 있고 하여 술은 하루에 2잔 이상 초과하여 마시지 않기로 하였다.

산토 도밍고 데 라 칼사다는 스페인 La Rioja 지방에 위치한 도시로, 인구는 6,780명(2009년 기준)이며, 도시의 이름은 도시를 설립한 성 도밍고 가르시아에서 유래되었다고 한다. 저녁을 일찍 끝내고 침실에 들어와 일기를 썼다.

10. 산토 도밍고 데 라 칼사다에서 벨로라도까지
(도보 순례 10일차: 2024.6.3. (월), 총 14일차)

가장 많이 만나게 되는 카스티야이레온주로 접어들다,

아름답고 평온한 순례길

새벽에 두 번 깨어 화장실에 있다 다시 들어가 잠을 청하기도 하였다. 평소와 같이 6시 전에 일어나 짐 정리를 하고 7시경, 4인이 벨로라도(Belorado)를 향하여 출발하였다. 약 22km 거리의 일정이다. 산토 도밍고 다리를 건너 구도심을 벗어나면 작은 건물이 하나 나오는데, 성당이다.

산토 도밍고 데 라 칼사다에서 시작되는 길은 전형적인 넓은 들판에 푸른 하늘의 아름다운 광경이 계속되었다. 완만한 언덕을 오르는데, 서 있는 십자가도 인상적이었다. 다만 차량 통행이 많은 N-120 도로와 나란히 같이 가는 길도 많다. 그라뇽(Granon)까지 7km 되는 거리는 양옆으로 밀밭이 광활하게 펼쳐진 평화로운 길이었다.

순례길 옆 십자가

성당은 아직 문을 열지 않아 간단히 차와 계란을 먹고 다시 출발하였다. 그라뇽부터의 길에서도 너무나 아름다운 풍경이 반복되었다.

그라뇽에서 레데시알 데 카미노(Redesilla del camino) 쪽으로 가는 길에는 온통 해바라기가 지천인 해바라기길을 걷게 된다는 이야기를 들었는데, 계절이 달라서인지 해바라기 길을 보지는 못하였다.

그라뇽까지 가는 동안의 순례길과 주위 풍경

레데시알 데 카미노에 입성하기 전에 빌라로타 지역에서 라 리오하주와 카스텔라 이 레온주의 경계 표지판을 만나게 된다. 표지판

그라뇽 마을을 벗어나 레데시알 데 카미노 쪽으로 가면서 전개되는 풍경

라리오하주와 카스티야이레온주의 경계 안내판

에는 순례자에게 용기를 주는 "나는 어디를 가든 항상 앞을 향해 나아갑니다."라는 글귀가 적혀 있다.

이제부터는 라리오하주를 벗어나 카스티야이레온주를 걷게 된다. 걸으면서 가장 많이 만나게 되는 것이 카스티야이레온주의 안내판이다. 이 이정표를 지나 레데시알 데 카미노에 도착하였다. 지나는 길은 여전히 목가적이다. 순례자들을 위한 기념상 앞에서 사진을 찍고, 일부는 순례자사무소에서 화장실을 다녀온 후 출발하였다. 가는 곳마다 성당이 문을 열지 않아 겉모습만 사진을 찍은 것이 못내 아쉽다.

레데시알 데 카미노의 순례자 조형물　　　빌로리아 데 라 리오하의 성모승천 교구 성당

레데시알 데 카미노를 벗어나 짧은 오르막길이자 걷기 편한 농로를 따라 걷다 보면 카스틸델가도(Castildelgado) 마을에 도착한

다. 작은 마을로 아직 문을 열지 않은 성당을 살펴보았다. 다음 마을인 빌로리아 데 리오하(Viloria de Rioja)로 향하기 위해서는 고속도로와 나란히 걷게 된다. 30분 정도 순례길을 따라 오르다 보면 빌로리아 데 리오하 마을에 도착한다. 이 마을은 산토 도밍고 데 라 칼사다 성인이 태어난 곳이다. 성인은 이 마을에서 1019년 5월 12일에 태어났다고 하는데, 성인이 세례를 받았다는 세례반을 보관하고 있는 성모승천성당이 있다. 이어 비야마요르 델 리오(Villamayor del Rio)까지는 전형적인 카미노길로, 밀밭 사이로 걷다 보면 수월하게 도착하였다. 이 마을의 알베르게에서 간단한 음료를 먹으며 휴식을 취하다 다시 걸어 1시경에 벨라르도의 숙소인 Albergue Caminante에 도착하였다.

레스토랑을 겸영하는 알베르게로, 오늘은 우리 한국인 일행만 투숙자로 받는 것 같았다. 모두가 1층 침대에 배정을 받았다. 샤워와 빨래를 하고 휴식을 취하였다. 4시부터 알베르게 식당에서 늦은 점심 겸 저녁을 먹었는데, 메인으로 나온 스테이크가 일품이었다. 18유로의 순례자 코스였는데, 가성비가 좋았다. 식사 후 맥주 및 포도주를 더 마셨다.

알베르게의 순례자 정식

암석에 설치된 산타 마리아 성당

7시부터 Iglesia de San Pedro 성당에서 미사가 있다는 소식을 듣고 Y 여사와 같이 갔다. 스페인 신부님이 스페인어로 미사를 집전하여 잘 이해는 못 했지만, 한국의 미사와 형식은 비슷하였다. 영성체까지 모시고 신부님이 산티아고 순례자들을 함께 모아 격려 말씀을 해 주셨다. 끝나고 스탬프는 다른 성당에서 찍어 준다고 하며 여성 한 분이 친절하게 안내해 주었다. 유명한 암석 위에 지어진 성당이다.

스탬프를 찍고 알베르게 식당에서 5인이 맥주와 포도주를 더 마셨다. Y 여사가 13유로짜리 지역 포도주를 사 함께 마시고 9시경 취침에 들었다.

11. 벨로라도에서 아헤스까지
(도보 순례 11일차: 2024.6.4. (화), 총 15일차)

오카산의 오싹함

숙소인 알베르게에서 2시 정도에 깨어 화장실에 다녀오고도 깊게 잠에 들 수 없었다. 일찍 일어나 세수를 제일 먼저 하였다. 짐 정리를 하고, 6시 50분 알베르게를 출발하였다. 오늘은 아헤스 (Ages)까지 가는 27.5km의 거리이다. 완만한 오르막이 있고 내리막도 긴, 다소 난이도가 있는 코스이다. 벨로라도를 나와 토산토스(Tosantos)를 거쳐 에스삐노사 델 카미노(Espinosa del camion)에 이르는 구간은 아주 완만한 구릉이 이어지는 평야 지대가 주를 이루고 있다. 4.8km 지점의 토산토스에서 커피와 복숭아, 빵 등을 먹었다. K 선생님도 오늘은 식당에서 합류하였고, 이어 P 여사, C 여사 등도 합류하였다.

토산토스에서 식사를 하고 다시 출발하였다. 앞쪽으로 예외 없이 넓은 벌판이 펼쳐진다. 밀밭이 반복되는 길을 한참을 걷다 보니 오른쪽 산에 조그만 성당이 멀리 보인다. 이것이 바위의 동굴을 이용한 성당으로, 라 페냐 성모 소성당(Ermita de Nuestra Senora de la Pena)이라고 생각되었다. 바위를 파서 만든 소박한 성당으로, 12세기 로마네스크 양식의 성모상을 기리는 의식을 드린다고 한다.

밀밭 사이의 순례길을 걷다 보니 밀밭 사이로 비암비스타(Villambistia) 마을이 나타나고, 이 작은 마을의 성당에 들러 잠시 묵상을 하고 에스삐노사 델 카미노로 향하였다. 에스삐노사 델 카미노 마을을 지나 비야프랑크 몬데스 데 오카(Villafranca Motes de Oca)까지 오는 길도 밀밭길 등을 걷는 전형적인 순례길이었다. 약간의 내리막길을 내려오니 제법 큰 마을이 보이는데, 그곳이 바

멀리 보이는 라 페냐 성모 소성당

로 비야프랑카 몬데스 데 오카라는 마을이다. 2차선 차량 통행이 많은 도로를 건너 마을 입구에 들어섰다. 비야프랑카 몬데스 데 오카에서는 요거트, 과일, 견과류 등을 먹고 걷기를 계속하였다. 비야프랑카의 산티아고 성당 앞을 지나면 상당한 오르막이 계속된다. 오르막 정상에 오르면 소나무 인공 조림지가 넓게 펼쳐진다. N 선생님은 다리에 문제가 있어 여기서 택시를 불러 먼저 숙소로 갔다. 부상의 우려가 있는 경우에는 이 방법이 더 나을 수 있다. 여기서부터는 완만한 산길 오르막이 반복되어 꽤 힘이 들었다. 일정 지역부터는 내리막인데, 마을이 없어 지루하게 계속 걸었다. 오카산은 중세 시대 순례자를 상대로 한 도둑이 많아 순례자들이 가장 힘들어했던 곳이라는 이야기를 듣고 등골이 오싹하였다. 혼자 이 산을 넘으면 더욱 그런 생각이 들 것 같았다.

오카산 주위의 풍경들

아헤스 도착 전 큰 나무 옆을 지나는 순례길

오카산을 넘어 내려와 산 후안 데 오르테가(San Juan de Ortega) 마을에 도착하였다. 이 마을에서는 피자가 유명하다는 소문이 있어 피자를 시켜 나누어 먹었다. 성당도 둘러보고 출발하였다.

여기서 46살의 음악 하는 사람을 만났는데, 일정상 부르고스까지만 가고 귀국한다고 한다. 46년생인 아버지를 모시고 오려고 하다 사정이 생겨 자기 자신만 왔다고 한다. 다음에는 꼭 아버지를 모시고 오겠다고 한다.

여기서부터 최종 목적지인 아헤스까지는 금방 도착하였다. 2시 50분에 도착하였는데, 거의 6시간 걸린 셈이다.

산 후안 데 오르테가 마을의 성당

샤워하고 세탁한 다음 5인이 맥주와 함께 식사를 주문해 먹었다. N 선생님이 특정 포도주를 마시고 싶다고 하여 내가 2병, Y 여사가 한 병을 사서 상당히 많이 마셨다. 침실에 올라와 잠시 누워 있다가 일기를 쓰기 위해 1층 노변의 의자로 가서 일기를 쓰고 올라왔다.

같이 보직을 한 J 교수님이 안부 문자를 보내왔다. 순례 11일차라고 사진과 함께 답을 했더니 건강하게 돌아와 만나자고 한다. 동그라미 모임에서도 격려의 말씀이 많았다.

12. 아헤스에서 부르고스까지

(도보 순례 12일차: 2024.6.5. (수), 총 16일차)

부르고스에서 소풍을 즐기다

아침 아헤스라는 비교적 작은 마을의 알베르게(Taberna de Ages)에서 6시 40분경 부르고스(Burgos)를 향하여 출발하였다. 부르고스는 순례길 초반에 나타나는 큰 도시이다. 평소처럼 5인이 함께 출발하였다. 2.5km 지점에 있는 아타푸에르카(Atapuerca)를 그냥 지나쳤다. 날씨는 맑고 선선했다. 길을 걷다가 먼동이 터 오는 장면을 사진에 담았다. 아타푸에르카에는 선사유적지가 있었는데, 설명이 적혀 있는 팻말과 함께 거석 기념물이 있었다. 이것은 2000년에 UNESCO 세계문화유산으로 선정되었다고 한다.

아헤스를 떠나면서 보는 일출

들판의 거석 기념물

아타푸에르카를 지나면서는 완만한 오르막이 계속되었다. K 선생님을 중간에 만나 추월하면서 사진 한 장을 찍어 드렸다. 오르막길은 자갈길로, 약간의 주의를 요한다. 오르막의 정점에 가니 십자가가 돌무더기 속에 세워져 있었다. 우리 일행은 각자 사진을 찍고, 간식으로 초콜릿을 먹고 다시 출발하였다.

돌무더기 위에 세워진 십자가

여기서부터는 계속 내리막이 반복되었다. 카르데뉴엘라 리오피고(Cardenuela Riopico)의 Bar에서 커피와 빵 등으로 간단히 식사하고 각자 출발하였다.

N 선생님과 같이 뒤에 처져 걷다가 일정 시점에서 내가 앞지르면서 일본인을 만나 같이 걸었다. 42세 미혼의 약사로, 이름은 Tomoko라고 하였다. 같이 짧은 영어로 대화를 나누면서 상당한

거리를 걸었다. 성당 종탑에 새집이 있는 것을 신기하게 여기고 서로 사진을 찍은 다음, 그 옆 레스토랑에 가서 착즙 오렌지주스를 함께 마셨다. 순례길을 오게 된 동기와 한국과 일본의 문화 등에 대해 이야기하였다. 산티아고 순례길의 경험과 느낌을 공유하자는 말과 함께 서로의 주소와 전화번호를 교환하였다.

같이 다시 출발하는데, 앞서가던 O 선생님으로부터 전화가 왔다. 식당에서 기다리고 있는데 왜 안 오느냐고 한다. 나를 오래 기다린 모양이다. 그 지점에서 숙소까지의 거리를 보니 8.4km가 남아 있었다. 식당을 지나쳐 계속 Tomoko 상과 같이 걸었던 것 같다.

Tomoko 상과 걸으면서 대화에 몰두하다 Camino de Santiago의 궤도를 벗어난 것이다. 구글 맵을 켜고 부르고스 시내 근처까지 같이 왔다. 각자 알베르게로 향하는 방향이 달라 거기서 헤어졌다. 그림을 취미로 가지고 있는 매우 지적인 여성이었고, 실제 순례 중 그린 스케치를 보니 수준급이다. 재훈련(Retrain)을 목적으로 왔다고 한다. 부르고스에서 하루를 더 묵으면서 돌아보고 출발한다고 한다. 이렇게 되면 다시 만날 확률은 떨어진다. 서로 순례길의 앞날을 축복하며 헤어졌다. 다시 연락하자고 하였지만, 같이 사진 한 장을 찍지 못한 것이 못내 아쉬웠다.

구글 맵이 안내하는 대로 부르고스 시내를 가로질러 한참을 더 가 숙소인 Mola Hostel에 12시 40분경 도착하였다. 아무도 도착한 사람이 없어 의아해하였다. 인솔자 선생님에게 전화했더니 막 들어오면서 자기는 이미 다녀갔는데, 아직 체크인이 안 되어 다른 사람들은 시장을 보고 현재 한식당인 '소풍'(더 정확히는 '두 번째 소풍')에서 식사를 하려고 한다고 하였다. 지도를 보고 알려 준 식당을 찾아가니 우리 일행이 막 주문을 하고 있었다. 비빔밥, 잡채밥, 제육볶음, 불고기, 김치찌개 등을 시켜 서로 공유하고, 맥주, 소주, 폭탄주를 제법 많이 마셨다. 순례길 이후 제대로 된 한식을 먹은 셈이다. 가격이 총 140유로 이상이 나와 차후에 30유로씩 부담하기로 하고 우선 O 선생님이 계산하였다. 한국인 여주인이 친절하게 대해 주셨다. 아주 맛있게 먹고 있는데, 한국인 두 분이 들어와 서로 반갑게 인사하였다. 한 여자분이 나보고 어디서 많이 본 사람 같다고 하였다. 고향이 부산으로, 오랜 간호사 생활을 하였고, 이번이 두 번째로 걷는 순례길이라고 하였다.

부르고스 대성당

다시 호스텔로 들어와 짐 정리와 샤워 및 세탁을 하였다. 매우 피곤하여 누워 있다가 6시 넘어 일어나 보니 일행이 아무도 없었다. 호스텔 식당에 가 보니 C 여사의 따님인 S 양이 있었다. 혹시 대성당에 안 가시냐고 하여 같이 가기로 하였다. 대성당은 입장료가 있는데, 순례자는 2인이 가면 5유로를 할인해 준다고 한다. 전문직 K 선생님까지 셋이 대성당 앞으로 갔다. 규모가 큰 성당이 있고, 부속 건물도 상당히 많고 웅장하였다.

K 선생님은 밖에서 구경하다 가겠다고 하여 S 양과 입장료 10유로를 내고 대성당 내부를 관람하였다. 많은 문화재적 요소를 갖춘 종교적 조각과 그림 등이 있으며, 각종 성인 등의 무덤도 있었다. 앱을 깔고 들으면 영어로 설명을 해 주었다.

부르고스 대성당 내부 관람

산티아고 순례길

S 양이 사학과 출신이라 제법 설명을 잘해 주었으며, 사진도 여러 컷 찍어 주었다. 전통문화재학교 등 문화재에 관심이 있다고 하며 내가 문화재보호법에 관심이 있는 학자라는 것을 안다고 하였다. 부르고스 대성당은 건축학적, 문화적, 종교적으로 무척 중요한 의미를 가지고 있는 아주 유명한 성당이다. 내부에서도 수많은 관람객이 설명을 들으면서 진지하게 관람하고 있었다. 자세한 설명이 있는 책자가 있으면 사려고 하였으나, 대부분이 스페인어로 되어 있고 내용도 망라한 책자가 아닌 것 같다. 영문 책자도 있었는데, 대성당에 적합하지 않은 번역서였다. 부르고스 성당의 각종 조각과 그림, 그 밖의 구성물에 대한 설명이 필요할 것 같다. 하나의 학문 영역에 그치지 않고 여러 영역의 협업이 필요한 분야라고 생각된다.

관람을 마치고 S 양은 전망대를 구경하러 가고, 나는 호스텔로 돌아왔다. 돌아오는 길에 과일 등을 사서 가지고 왔다. 오는 길에 Y 여사를 만났는데, 성당미사에 같이 가자고 한다. 미리 구경하고 오는 길이라고 하고 호스텔로 왔다. 밖에서 J 사장님과 O 선생님이 기다리고 있었다. J 사장님이 저녁을 소풍에 가서 먹자고 한다. 사실 배고프지는 않았지만 함께 갔다. O 선생님은 안 가고, J 사장님과 둘이 소풍으로 갔다. 그곳에 가니 K 선생님과 인솔자 선생님이 늘 우리와 같은 알베르게에 묵는 말레이시아인 법학도와 함께 식사를 하고 있었다. 또 다른 한국인들도 있어 서로 반갑게 인사하였다. 그리고 바로 옆에는 한국인 대학생이 제육볶음과 김치찌개를 먹기 위해 벨로라도를 출발하여 50km를 하루 만에

부르고스의 한식당 '두 번째 소풍' 내부

걸어왔다고 하였다. 주변 사람들이 대단하다고 격려하였다. 그 학생은 주문한 한식을 음미하면서 천천히 먹었다. 외국인들도 많이 오고 있는 걸 보니 부르고스의 명소인 모양이다. '2° Sopung'이라는 스페인식 상호에 '두 번째 소풍'이라는 한글 상호가 부가되어 있었다. '2°'가 '두 번째'라는 뜻이라고 한다. 「귀천(歸天)」이라는 시를 쓴 천상병 시인과 관계있다고도 한다. 여사장님도 2011년에 산티아고 순례길을 하루에 50km를 걸은 적이 있다고 한다.

　J 사장님이 약간 취기가 있어 김치찌개, 신라면, 소주 1병을 36유로에 시켜 먹고 바로 호스텔로 왔다. 양치질을 한 다음 J 사장님에게 취침을 권유하였다. 그러고 나서 나는 호스텔 식당에서 일기를 쓰고 있는데, Y 여사가 N 선생님과 소풍에 있다고, 교수님이 오라고 하여 와 있다고 하였다. 이미 J 사장님과 다녀왔다고 하니 자기 둘이 저녁을 먹고 가겠다고 한다. 일기를 쓰고 있는데, J 사장님이 바람을 쐬고 오겠다고 나갔다. 한참 뒤에 J 사장님이 입구를 못 찾겠다고 하여 내려갔다. 마침 Y 여사와 N 선생님이 소풍에서 저녁을 먹은 후 오고 있었다. Y 여사는 숙소로 들어가고, N 선생님과 방향을 나누어 J 사장님을 찾았다. 다행히 N 선생님이 J 사장님을 발견하여 호스텔로 데리고 왔다. 일기를 마무리하고 집에 간단히 소식을 전하고 취침에 들었다.

2
도보 순례 중반기
(부르고스에서 레오까지)

1. 부르고스에서 오르닐료 델 카미노까지
(도보 순례 13일차: 2024.6.6. (목), 총 17일차)

메세타 고원을 만나다

　알베르게에서 7시 30분부터 무료 조식을 제공한다고 한다. 그러나 아침을 먹고 출발하기보다는 평소처럼 6시 30분에 출발하기로 하였다. 부르고스에서 출발하는 순례자들은 오늘부터 지나게 될 메세타 고원에 관한 이야기를 많이 들었을 것이다. 대한민국 산티아고 순례자 협회의 안내문에서는 "부르고스에서 레온에 이르기까지 나타나는 메세타 고원은 여름에는 사막과 같은 열기와 건조함을, 겨울에는 북풍한설이 몰아치는 시베리아 동토의 차가움을 선사한다"고 표현하고 있다. 이에 메세타를 건너뛰기 위해서 부르고스에서 레온까지 기차나 버스를 타고 이동하는 경우도 많다고 한다. 메세타는 순례자의 육체적 에너지와 정신적 의지를 끊임없이 시험한다는 점에서 순례의 정석을 경험할 수 있는 좋은 기회가 될 것이라고 생각하며 의지를 다졌다.

아침 일찍 부르고스를 떠나면서 부르고스 대성당을 지나가며 다시 보는 대성당은 어제 오후에 들렀을 때와는 또 다른 시각으로 우리에게 다가왔다.

부르고스 시내를 벗어나면서부터는 부드러운 산책길이 이어지며, 그 뒤로 오르니요스 델 카미노(Hornilos del camino)까지는 전형적인 메세타 풍경이 이어진다. 먼지 나는 돌멩이투성이의 길에 고원지대와 밀밭이 계속되는 것이다.

출발 후 8km 지점에 있는 비얄비야 데 부르고스(Villalbilla de Burgos)를 지나 11.5km 지점인 따르다호스(Tardajos)에 도착하였다. 여기서 휴식 겸 조식을 같이하기로 하였다.

메세타 고원 옆의 완만한 오르막길

어제저녁부터 일행 간에 약간의 트러블이 있었던 것 같다. 아마 술 마시는 것을 놓고 우려와 간섭의 문제가 원인인 것 같다. 그도 서로 위하는 마음에서 나온 것 같아 심각한 건 아니라고 생각하였다. 길을 걸으면서도 서로 간에 화해를 권유하였다. 순례길을 걷는 것도 인생의 축소판이란 생각이 든다.

1차 휴식을 위한 Bar에서 먼저 도착한 나와 J 사장님이 일행을 기다렸고, 각각 다른 식당에서 식사를 하고 다시 순례길을 떠났다.

J 사장님, O 선생님과 함께 출발하였는데 10km 이상의 거리에 Bar도 없고, 강렬한 태양 아래서 걸었다. 조금 힘든 하루였다.

메세타 고원이 실질적으로 시작되는 라베 데 라스 칼사다스 (Rabe de las Calzadas)에서는 물과 간식을 잘 챙겨야 한다고 들었다. 라베 데 라스 칼사다스의 순례길 옆에는 잘 그려진 벽화가 있다. 알버트 아인슈타인, 넬슨 만델라, 마하트마 간디 등이 그려져 있다. 세 사람의 공통점이 무엇인가를 생각하여 보았다. 모두 인류 평화를 위하여 노력한 분이라는 점에서 공통된 점이 있는 것 같다.

상대성이론을 정립한 아인슈타인은 핵무기 반대에 앞장섰으며, 넬슨 만델라는 남아프리카공화국의 인종 차별을 종식한 분이었고, 마하트마 간디도 비폭력 무저항주의로 인도 독립을 이끈 지도자로서 공통점이 있는 것 같다. 이전에는 마틴 루터 킹 목사도 그려져 있었다고 하니 벽화가 바뀌기도 하는 모양이다. 작은 성당도 잠깐 들렀다.

산티아고 순례길

이어서 완만하지만 긴 오르막을 오른다. 정상 부근에서 앞뒤 좌우를 둘러봐도 모두 밀밭뿐이다. 정상 부근의 빨간 십자가를 지나서부터는 내리막인데, 빨간 관상용 양귀비도 예쁘고, 주변 풍경도 전원적인 시골 풍경이다.

라베 데 라스 깔사다스의 순례길 옆에 세워진 벽화

순례길과 주변의 풍경(빨간 십자가상이 보인다)

12시 30분 정도에 숙소에 도착한 것 같다. 이 마을에는 16세기에 만들어진 산 로만 교구 성당(Iglesia Parroquial de San Roman)이 있다. 성당 옆의 탑에는 수탉 조각상도 있다.

　점점 적응이 되어 숙소에 도착하는 시간이 짧아진다. 그러나 무조건 좋은 현상만은 아니며, 순례의 목적상 주변의 풍경도 보면서 사색하며 걷기 위해서는 속도를 조절할 필요가 있다. 아직 알베르게가 열리지 않아 밖에서 기다렸다. 알베르게가 오픈하고 동키 서비스로 보낸 짐을 찾고, 샤워 및 세탁을 하였다. 세탁물을 태양이 강렬하게 내리쬐는 담벼락에 널었더니 금세 뽀송뽀송하게 말랐다.

수탉 조각상

산 로만 교구 성당
(Iglesia Parroquial de San Roman)의 내부

점심을 생략한 채 침실에 누워 있다가 Y 여사와 N 선생님과 함께 앞의 Bar에 갔다. 일체의 음식은 끝났고, 맥주만 된다고 하였다. N 선생님의 애교로 콘칩 등의 안주를 공짜로 얻었다. 맥주를 시켜 먹으면서 O 선생님도 부르자고 하니 동의하여 전화하였다. 그러나 O 선생님은 방금 양치질하고 자리에 누웠다고 하여 합류하지 않았다. J 사장님도 불러 O 선생님을 데려오려고 하였으나 끝내 나오지 않았다. 결국 넷이서 맥주를 먹었다. 저녁은 알베르게 1층 주방에서 Y 여사가 콩 슈트와 컵라면을 끓여 주어 그것을 포도주와 함께 먹었다. 저녁을 먹고 양치질을 한 다음 잠자리에 누웠다. 그러나 밖에서는 무슨 음악회가 있는지, 노랫소리가 끊이지 않았다. 순례자의 알베르게에서 이건 너무하다는 생각을 하였다. 잠시 후에 나가 보았더니 J 사장님이 나무 아래 탁자에서 맥주를 마시고 있었다. 조금 뒤에 Y 여사가 맥주를 사서 왔다. 셋이 앉아 맥주를 마시며 1980년대 애창곡들을 들으면서 시간을 보냈다. 전인권, 최백호를 비롯하여 팝송 등을 들었는데, 우리는 거의 동시대의 사람들이라 공감하는 바가 컸다. J 사장님은 부활, 김경호 등의 록을 따라 부르면서 기분 좋은 표정을 지었다. Y 여사도 흥이 많은 분이다. 밖의 음악회에서 '베사메 무초'라는 곡을 신청하고 춤도 추었다고 한다. 10시에 음악회도 끝났고, 우리 탁자도 종업원의 권유로 모임을 파하고 들어와 잠자리에 들었다.

2. 오르닐료 델 카미노에서 카스트로 헤리스까지

(도보 순례 14일차: 2024.6.7. (금), 총 18일차)

황홀한 꽃길과 카스트로 헤리스 성곽 요새의 어마어마한 바람

오르닐료 델 카미노에서 카스트로 헤리스(Castrojeriz)까지 약 20km 구간을 순례하는 것이 오늘의 일정이다. 오르닐료 델 카미노의 알베르게 Municipal de Perigrinos에서 6시 30분에 출발하였다. Y 여사가 먼저 출발하고 나는 이어 J 사장님, N 선생님과 같이 출발하였다. O 선생님은 8시경 천천히 출발하겠다고 한다. 늘 같이 출발하던 5인이 함께 출발하지 못했다. 어제부터 시작된 메세타 고원이 오늘도 계속된다. 초반에는 완만한 오르막을 옆에 두고 넓은 농경지가 전개되고 있었다. 중간에 돌무더기 위에 십자가가 인상 깊게 서 있었다. 오르막이 끝나고는 평탄한 길이 반복되었다. 길옆에는 관상용 양귀비가 정말 아름답게 피어 있었다. 사진을 몇 컷 찍었다.

메세타 고원의 완만한 오르막

아름다운 꽃밭(관상용 양귀비) 사이의 순례길

중간에 비가 내려서 처음으로 비옷을 꺼내 입고 걸었다. 비가 그치고도 계속 입고 가니 금세 더워져서 벗었다. 온타나스(Hontanas) 마을의 성당에 들러 초 하나를 봉헌하였다.

온타나스의 성모 마리아 성당의 내부

성당을 나와 다시 걷기 시작하였다. 밭 사이의 좁은 길을 걷다가 산 빈센떼 수도원의 폐허지를 지나고 3~4km 정도 더 가면 14세기의 아름다운 산 안톤 수도원을 만날 수 있다. 과거에는 제법 크고 웅장했던 건물 같아 보인다. 지금은 무너지고 폐허처럼 보이며, 일부 공간을 알베르게 공간으로 사용하고 있다고 한다. 자판기에서 음료수를 팔아 사 마시며 잠시 휴식을 취하였다. 나중에 안 것이지만, 이곳 산 안톤 아치는 순례자들에게 먹을 것을 제공하기 위해 비밀 찬장을 운영했던 수도원의 유적이라고 한다.

산 안톤 수도원을 만든 성 안토니오파의 수도회는 1095년 프랑스에서 만들어졌으며, 순례자에 대한 깊은 애정으로도 많이 알려져 있었으며, 과거 유럽의 대재앙이었던 '산 안톤의 불'이라는 병을 치료하는 능력 덕택에 유럽 전체에 약 400개의 병원을 가지고 있기도 했다고 한다.

산 안톤 수도원 전경   카스트로 헤리스 마을에 도착

다시 출발하여 꽃길을 걸어 마침내 카스트로 헤리스 마을에 도착하였다. 12시 직전에 알베르게에 도착한 것이다. 12시 30분에 오픈이라고 하여 문 앞에서 기다렸다.

알베르게 앞에서 올해 75세라는 이탈리아 은퇴자와 대화를 나누었다. 67세에 정년을 하고 연금으로 생활하며 여행 등을 즐기며 즐겁게 생활하고 있다고 한다. 사촌하고 여행하고 있는데, 산티아고 순례길도 여러 번 걸었다고 한다. 현대 선적 관련 일도 하였고, 집에 있는 가전제품은 모두 삼성 제품이라고 한다.

우리 일행은 점심을 알베르게에서 신라면 5개, 김밥 3개, 맥주와 소주 등을 시켜 먹었다. 사장님이 한국인이었다. 2016년에 가게를 개업했다고 하셨다. 소주 등을 이용해 폭탄주를 만들어 오랜만에 많이 기분 좋게 마셨다.

　늦은 점심 후 저녁은 7시부터인데, 미리 주문을 받는다고 하여 비빔밥을 주문한 후 뒷산 정상에 있는 성벽 요새까지 올라갔다 오기로 하였다. 30분이면 올라간다고 하여 운동화도 아닌 클룩을 신고 올라갔는데, 길이 좁고 사람들이 없어 불안하였다. 산의 중간쯤에서 동양인 여자를 만났는데 풍경이 좋고 바람이 어마어마하다고 하였다. 혼자 정상까지 올라가서 시내 전경을 바라보니 장관이었다. 바람이 몸이 날아갈 정도로 부는 상황에서 정상에서 기를 느끼고 싶었다. 정상에서 여기저기를 돌며 사진을 찍었다.

카스트로 헤리스의 성벽 요새 방문

산티아고 순례길

동영상을 하나 찍었는데, 동영상은 바람의 세기를 증명해 주고 있다. 7시에 미사가 있다고 하여 6시경 서둘러 하산하였다.

알베르게에 도착하니 인솔자 선생님이 산 정상 성벽 요새에 갔다 오셨느냐고 하시면서 대단하시다고 한다. 조금 지나 산타 마리아 델 만자모 성당(Collegiate of Santa Maria del Manzano)에 갔는데, 2유로를 내고 성당 안을 둘러보다 미사 여부를 물었더니 6시 30분에 다른 교회에서 한다고 한다.

다시 알베르게에 와서 예약한 비빔밥을 Y 여사와 공유하여 먹고 포도주 및 소주 등도 곁들여 마셨다. 저녁 후에는 J 사장님, Y 여사, N 선생님과 성당 옆 알베르게 Bar에서 맥주 몇 잔씩 더 하고 숙소에 들어와 잠을 청하였다.

산타마리아 델 만자모 성당(**Collegiate of Santa Maria del Manzano**)과 성당 내부

3. 카스트로 해리스에서 프로미스타까지
(도보 순례 15일차: 2024.6.8. (토), 총 19일차)

1km 오르막의 모스텔라레스 언덕과 순례자 정식 '프로미스타'의 보상

 아침에 일찍 일어났으나, 짐 정리 등을 하다 7시가 다 되어 J 사
장님과 같이 출발하였다. 어제저녁에는 천둥 번개와 더불어 비가
내렸다. 오늘도 비 예보가 있다. Y 여사는 6시 20분에 출발하였
다고 한다. 출발하는데, K 선생님이 쫓아오시더니 웃으면서 노인
을 내버려 두고 자기들만 출발하여 뛰면서 쫓아왔다고 하신다.
마을을 벗어나 산티아고 순례길 마크가 나올 때까지 성실히 안내
하고, 메세타 고원의 오르막 1km 이상을 빠르게 올랐다.

멀리 보이는 모스텔라레스 언덕길

정상의 탑

178 　　　　　　　　　　　　　　　　　　　　　　　　산티아고 순례길

정상부터 시작되는 내리막길

　정상에서 보는 풍경은 환상적이다. 멀리서도 보이는 이 오르막
은 1km(1,050m)가 넘는 길이다. 이 언덕을 모스텔라레스라고 한
다. 정상은 해발 940m이다. 지속적으로 오르막이라 숨이 많이
가빴다. 어떤 자전거 순례자는 자전거에 문제가 있는지 끌고 올
라가며 굉장히 힘들어하는 모습을 보여 주어 파이팅을 외쳐 주었
다. 언덕 정상에서 사진을 찍으며 휴식을 취하다 J 사장님과 다시
출발하였다.

　이제부터는 1km 정도의 내리막길이다. 오늘은 10km 정도까지
Bar가 없다.

푸엔테 피테로(**Puente Fitero**) 다리

끝없이 펼쳐지는 평야의 농경지 사이를 걷다 보니 산 니콜라스 소성당에 도착했다. 이곳에는 이탈리아 수도회인 성 야고보 형제회가 있다. 이들은 산티아고 순례길이 처음 만들어졌을 때부터 지금까지 중세시대의 전통을 지켜 가며 순례자들에게 정성을 다해 접대하고 있다고 한다. 소성당을 둘러보고, 바로 푸엔테 피테로(Puente Fitero) 다리를 건넜다. 이 다리를 건너면서 부르고스 지방에서 팔렌시아 (Palencia) 지방으로 들어온 것이다. 삐수에르가(Pisuerg) 강에 설치된 이 다리는 돌로 된 다리로, 굉장히 견고하게 만들어졌는데 '시작하는 사람들의 다리'로도 알려져 있다고 한다.

다리를 건너 시원한 바람이 부는 강변을 따라 걷다 보면 이테로 데 라 베가(Itero de la vega)에 도착한다. 이 마을을 통과할 때에는 자동차 도로를 건너기 때문에 주의를 요해야 했다. 드디어 나타난 Bar에서 J 사장님과 Y 여사와 함께 아침을 먹었다. N 선생님도 도착하여 함께하고, K 선생님도 도착하여 식사하는 것을 보고 출발하였다. 오늘 식사를 한 Bar에서 가족끼리 오신 손님분들 중 한 분의 얼굴이 하얗게 변하고 어려움을 겪고 있었다. 모든 사람이 걱정하는 가운데 앰뷸런스가 왔다.

　다시 출발한 길도 긴 밀밭의 향연이 펼쳐졌다. 뽐뻬드라사라는 작은 마을을 지나 삐수에르가 운하를 만나게 된다. 운하를 지나 광활한 밀밭의 평원(티에라 데 캄포스)을 지나다 보면 멀리 보아디야 델 카미노(Bodadilla del Camino)가 보이기 시작한다. 13세기에는 3개의 성당과 2개의 병원이 있었을 정도로 번창했던 마을인 보아디야 델 카미노는 현재에는 16세기에 만들어진 성모승천 성당과 같은 시대 플랑드르 양식을 보여 주는 '심판의 기둥'이라고 불리는 원주 탑이 유명하다고 한다.

　마을을 나서면 길게 뻗어 있는 까스띠아 운하를 따라 걷게 되고 5km 정도 걷다 보면 수문을 만날 수 있다. 물을 조절하는 수문을 만든 지혜에 찬사를 보냈다. 이 수문을 건너 오늘의 목적지인 프로미스타(Fromista)에 도착하였다. 도중에 공사 중이어서 1km 더 돌아온 것 같다. 2시경 목적지인 프로미스타의 알베르게에 도착하였다.

카스티야 운하와 수문

샤워를 하고 3시 30분경 식사하러 갔더니 4시까지 마감이라고 하여 저녁 6시 30분 5명의 인원으로 예약을 하고, 맥주 2잔씩 마시며 순대를 안주로 먹고 알베르게로 돌아왔다. 알베르게에서 휴식을 취하다 6시 30분에 식당에 가서 지역의 이름을 딴 순례자 정식 메뉴인 '프로미스타'를 먹었다. 돼지 포크립인데, 너무 맛있게 먹었다. 그 식당의 주인인지 종업원인지 모르지만 중년의 남자는 매우 유머가 있는 사람으로, 할 줄 아는 한국어가 제법 많았다. 서비스도 잘해 주었다. 계산대 옆에는 한국말로 한국에 가고 싶다는 쪽지가 붙은 저금통이 있었다. 많은 사람들이 기부를 하고 있는 것 같다. 저녁 식사 후 J 사장님, Y 여사와 맥주 한 잔씩 더 하고 숙소로 돌아와 일기를 쓰고 잠자리에 들었다.

순례자 정식 메뉴인 프로미스타

4. 프로미스타에서 카리온 데 로스 콘데스까지
(도보 순례 16일차: 2024.6.9. (일), 총 20일차)

순례자상의 모델이 아버지임을 자랑스러워하는 아들

오늘은 프로미스타에서 카리온 데 로스 콘데스(Carion de los condes)까지 가는, 다소 평탄한 여정으로 소개되어 있다. 카리온 데 로스 콘데스는 순례자 병원이 있던 곳으로 유명하지만, 현재 병원은 존재하지 않는다. 오늘의 구체적 여정은 프로미스타(Fromista) → 포블라시온 데 깜뽀스(3.4km) → 레벵가 데 깜뽀스(3.6km) → 비야르멘테로 데 깜뽀스(2.1km) → 빌랴까살 데 시르가(4.1km) → 까리온 데 로스 꼰데스(5.6km)까지의 도보 순례이다. 간밤에도 비가 조금 내렸다. 아침 6시 30분 출발하려고 나와 보니 밖에 물기가 남아 있었다. 그러나 비가 올 것 같지는 않다. K 선생님이 같이 출발하기를 원해 둘이 좀 일찍 출발하였다. 도중에 사진도 찍어 드렸다. 82세인 K 선생님은 처음보다는 보폭도 경쾌해 보이고 즐거워 보인다. 이어 J 사장님과 Y 여사가 뒤쫓아와 같이 보조를 맞추어 걸었다.

아침 일찍 프로미스타 마을을 벗어나며

이미 순례 경험이 있는 부산 아주머니를 만나 도롱뇽 벽화 있는 곳에서 사진을 한 장씩 찍고, 여기부터는 Y 여사와 보조를 맞추어 걸었다. 순례길에서 걸음걸이는 꾸역꾸역 걷는 방법과 사뿐사뿐 걷는 방법, 그리고 독일 병정처럼 발을 맞추어 걷는 방법이 있는데, 말없이 발을 맞추어 걷다 보면 신기할 정도로 힘이 덜 들며 보폭도 빨라진다.

　일요일이어서 일찍 연 Bar가 없었다. 8km 걸은 다음 나타난 Bar에서 조식을 먹었다. 커피, 토르티야, 미트볼 등을 사서 먹었다. EL FARDEL DE REVENGA에서 식사다운 조식을 하고 계속 걸었다. 얼마 지나지 않아 Albergue Amanecer의 Bar에 들러 잠시 쉬었는데, 인솔자 선생님의 말에 따르면 이곳에서 최면 체험도 할 수 있다고 한다. 여인의 석조상 두 개가 서 있는 게 인상적이었다. 여기서 인솔자 선생님, N 선생님, S 양도 만났다.

산타 마리아 성당

순례자상의 아들과 함께

카리온 데 로스 콘데스의 숙소인 산타클라라 왕립 수도원(**Real Monasterio de Santa Clara**)

비얄카사르 데 시르가(Villalcazar de Sirga)에 들러 산타 마리아 성당(Iglesia de Santa Maria)을 둘러보며 스탬프(세요)도 찍었다. 이 성당은 블랑카 성모 성당(Iglesia de la Virgen Blanca)이라고도 불린다. 성당 옆에는 성당을 바라보며 휴식을 취하는 순례자상이 있다. 여기서 사진을 찍는데, 어떤 분이 그 순례자상이 자기의 아버지를 모델로 한 것이라고 한다. 그분과도 같이 사진을 찍었다. 여기서 K 선생님과 O 선생님 등을 만났고, 부산 아주머니와 대만 사람도 만났다. 성당 문이 열리는 11시까지 오랜 시간을 기다렸다.

마지막으로 5km 정도를 걸어 12시 15분경, 오늘의 숙소인 카리온 데 로스 콘데스의 알베르게에 도착하였다. 19km 정도의 거리에다 햇볕도 없어 큰 힘이 들지 않게 오늘의 일정을 끝냈다. 알베르게는 종전에 제법 큰 수도원으로 사용되었던 곳으로, Monasterio de Santa Clara이다. Santa Clara는 내가 2001~2002 Visiting Scholor로 다녀왔던 미국의 실리콘 밸리의 산타클라라(Santa Clara)대학교와 동명이어서 반가웠다.

숙소에서 Y 여사가 라면과 누룽지로 식사를 준비하여 5인이 아주 맛있게 먹었다. K 선생님도 같이 드시자고 권유하였더니 괜찮다고 하셨다. 나머지 일행은 밖으로 식사를 하러 가고, 인솔자 선생님이 K 선생님과 식사를 같이 하는 것으로 알고 있었다. 우리끼리 먹기가 죄송하였다. 점심 식사 후 쉬고 있는데, 일행 중 한 분이 물어볼 것이 있다고 하여 주방으로 갔다. 맥주 한 캔 남은 것을 나누어 먹으면서 일행과의 약간의 트러블에 대해서 자기의 입장을 이야기하였다. 자기는 사람과의 관계에서 약간의 문제가 있고, 약간의 공황장애 증세도 경험했다고 한다. 이분은 내가 볼 때 매우 다정다감한 분인데, 서로 오해가 있으면 풀었으면 좋겠다. 이번 순례길에서 될 수 있으면 모든 것을 선해(善解)해서 생각하고, 더욱 행복한 사람이 되었으면 하는 나의 바람을 이야기하였다.

점심 식사 후 잠시 누워서 휴식을 취하다 시내 구경을 나갔다. 특히 성당 근처가 잘 보존된 역사문화단지였다. 시내 구경을 하고 돌아와 마당 벤치에서 밀린 일기를 썼다.

미사가 7시라 직전에 성당에 가서 Y 여사에게 미사에 안 오느냐고 카카오톡을 보냈더니 성당으로 왔다. 집에 전화하고 맥주 한잔을 마시고 있었다고 한다. 주일미사라 사람들이 많았고, 순례자들도 많이 왔다. 거의 한 시간가량 미사가 진행되었다. 영성체까지 모시고 끝나자, 신부님이 순례자들을 단상으로 모이게 하여 일일이 국적을 물으며 개별로 축성을 해 주시고, 수녀님은 별 모양의 스티커를 나누어 주시면서 산티아고 순례길을 축복해 주셨다. 이 성당의 앞면에는 100명의 여인들의 모습이 새겨져 있다. 까리온에서 이슬람교도들에게 처녀 백 명을 바쳐야 했는데, 그중 네 처녀가 성모 마리아에게 작별 인사를 해 달라고 청했고, 그들을 동정한 성모가 황소 네 마리를 나타나게 해서 이슬람교도들을 쫓아내서 처녀들이 풀려났다고 하는 전설과 관련되어 있다고 한다. 이 밖에 성당 내부에는 고딕 양식으로 만들어진 승리의 성모와 도움의 그리스도가 있다.

산타 마리아 델 카미노 성당
(Iglesia de Santa Maria del Camimo)

성당미사 후 수녀님이 순례자들에게
나누어 준 선물

　미사가 30분 정도 걸릴 줄 알고 미리 식당에서 기다리던 J 사장님으로부터 전화가 왔다. 미사가 늦게 끝나 미안함을 전했더니 일행이 바로 성당 옆 레스토랑에서 기다리고 있다고 하였다. J 사장님, Y 여사, N 선생님과 함께 메인을 하나씩 주문하고 맥주를 제법 많이 마셨다. 9시 40분까지 시간을 보내다 알베르게로 돌아와 잠자리에 들었다. 이곳 스페인의 경우는 10시가 넘어도 해가 지지 않아 대낮 같다.

5. 카리온 데 로스 콘데스에서 테라디요스 데 로스 템플라리오스까지
(도보 순례 17일차: 2024.6.10. (월), 총 21일차)

시작이 반이다

　수녀원 산타클라라 숙소에서 6시 기상하였다. 남자 3명이 각각 침대에서 자 2층 침대에서 잘 때보다 조금 늦게 기상하였다. 오늘 도착할 테라디요스 데 로스 템플라리오스(Terradillos de los Templarios)는 작은 마을이어서 슈퍼가 없고, 숙소에서 식사를 해야 한다고 한다. 출발 후 17.2km 지점까지는 푸드트럭 하나만 있다고 한다. 숙소 근처 성당 앞에서 5인이 6유로의 샌드위치를 아침으로 먹고 7시 30분에 출발하였다. P 여사가 교수님이 아침에 너무 일찍 일어난다고 한마디 한 적이 있는데, 오늘은 늦게 일어나 출발도 늦었다. 오르막도 없는 평탄한 시골길을 걷는 상황이 계속되었다. 숙소에서 13km 떨어진 곳에서 빵과 오렌지 등을 시켜 먹었다.

　지나는 길에 산티아고까지 400km 남았다는 표지석이 나타났다. 기념의 의미로 각자 사진을 찍었다. 시작이 반이라는 말이 있다. 도보 순례를 시작하면서

순례길의 절반인 400㎞ 표지석

800km를 무사히 도보로 완수할 수 있을까 걱정하였는데, 이미 반을 수행한 것이다. 나머지 반도 건강하고 의미 있게 수행할 수 있었으면 좋겠다.

맑은 하늘에 구름도 두둥실 흘러가는 목가적인 시골 풍경이 평안한 기분을 느끼게 해 주었다. 길가에 피어 있는 노란 프리지아 향기가 좋아 일행과 함께 사진 한 컷을 찍었다.

마지막 쉼터인 Albergue Camino Real에서 커피와 빵을 간단히 먹고 다시 출발하였다.

8~9km 정도 남은 거리에는 Bar도 없고, 잠시 휴식을 취한 것을 제외하고 숙소까지 계속 걸었다. 11시 30분경에 테라디요스 데 로스 템플라리오스의 숙소인 Hostel Jacques De Molay에 도착하였다.

우리 일행이 늘 그렇듯 1착으로 도착하였다. 먼저 택시를 타고 도착한 인솔자 선생님과 N 선생님이 우리가 너무 빨리 도착하였다고 한다. 샤워 후 식당 옆 마당에서 J 사장님, Y 여사, N 선생님이 점심 대용으로 생맥주를 마셨다. Y 여사에게 100유로를 빌렸다. 가져온 700유로를 다 써 빌린 것이다. 이곳에는 ATM기도 없어 부득이하게 빌렸다. 거의 4시까지 맥주 4잔 정도를 마신 것 같다. 잠시 숙소로 올라가 침대에 누워 휴식을 취한 다음, 5시경, 일기를 쓰기 위하여 식당 앞마당 벤치에 앉았다. 아직도 햇볕이 강렬하다.

6시 30분 알베르게 식당에서 우리 5인과 K 선생님이 함께 순례자 코스로 식사를 하기로 하였다. 14유로인데, 파스타와 스테이크도 괜찮았다. 포도주가 포함되어 나와 좋았다. 종업원이 한 병을 서비스로 주었다. 만찬을 끝내고 잠시 쉬었다가 식당에서 5인이 맥주 한잔을 더 하기로 하였다. O 선생님은 몸 상태가 안 좋아 쉬겠다고 한다. J 사장님이 맥주 큰 것 3잔, 나는 맥주 작은 것 1잔, Y 여사는 위스키를 마셨다. 9시 40분경 자리를 파하고 10시경 잠자리에 들었다. 순례길에서 샤워 후 마시는 맥주가 이렇게 맛있는지 몰랐다. 오히려 한국에서보다 맥주를 더 많이 마시는 것 같다.

6. 테라디요스 데 로스 템플라리오스에서 베르시아노스 델 레알 카미노까지
(도보 순례 제18일차: 2024.6.11. (화), 총 제22일차)

숙소에서의 망중한과 더할 나위 없는 맥주 한잔의 맛

오늘은 테라디요스 데 로스 템플라리오스에서 베르시아노스 델 레알 카미노(Bercianos del Real Camino)까지 약 24km의 일정이다. 6시경 짐을 정리하고 나왔더니 주위가 컴컴하였다. J 사장님과 밖에서 기다리다가 K 선생님이 먼저 출발하고 이어 둘이 출발하였다. 출발 후 3.4km 지점인 모라티노스(Moratinos)부터 Bar가 있었으나, 건너뛰고 J 사장님과 산 니콜라우스 델 레알 카미노에서 커피와 빵을 시켜 놓고 일행을 기다렸다.

먼동이 트는 순례길

O 선생님은 곧 도착하였으나 Y 여사와 N 선생님은 오지 않았다. 서로 사인이 안 맞은 것 같다. Bar에서 막 나와 걷고 있는데, 앞에서 Y 여사와 N 선생님이 걷고 있었다. 같이 합류하여 걷다 보니 사하군(Sahagun)이라는 제법 근사한 도시에 도착하였다. 사하군은 중세 유적이 많은 도시이며, 산티아고 순례길의 중간에 위치하고 있는 도시로 유명하다. 그리고 산티아고 순례길의 반주증명서를 발급해 주는 곳이라고 한다. 사하군의 알베르게에서 묵는 순례자들도 많다고 한다. 사하군의 Bar에서 토르티야 등을 시켜 간단히 식사를 하였다. 식사를 마치고 사립 알베르게 옆의 순례객 조형물에서 사진을 찍었다. 그리고 옆의 성당에 들어갔더니 마침 미사 중이었다.

미사 중인 사하군의 성당

미사 중 받은 쪽지

미사가 끝나자 어떤 여성분이 무언가가 쓰여 있는 카드를 선물해 주었다. 마침 같이 미사에 참여한 Y 여사에게 선물로 주었다.

사하군부터는 특별한 Bar도 없이 계속 완만한 시골길을 걸었다. 막판에 J 사장님, Y 여사와 보조를 맞추어 독일 병정처럼 걸었다. 숙소 근처에서 K 선생님을 다시 만났다. 중간에 한 번만 쉬고 계속 걸어왔다고 한다. 우리와 거의 차이 없이 숙소에 도착하였다. 오늘 묵을 숙소인 Albergue La Perala는 베르시아노스 마을 들어가기 500m 전에 위치한 알베르게로, 비교적 최근에 지은 시설이라 무척 깨끗하였다. 그리고 모두 1인 침대를 사용하고 방마다 화장실과 샤워실이 있는 것이 행운이었다. 나, K 선생님, 인솔자 선생님, J 사장님이 한 방에 배정되었다.

우리가 투숙한 일베르게에서는 14.5유로에 점심과 저녁을 해결할 수 있다. 숙소에 도착하여 샤워 후, J 사장님과 함께 5유로를 주고 세탁을 하였다. 세탁물을 널고 바깥 잔디밭에서 맥주를 마시면서 경치를 관람하니 환상적이었다. 점심은 삶은 소시지를 된장에 찍어 먹는 걸로 해결하고 맥주를 마셨다. 환상적인 풍경 사진을 찍어 우리 가

순례길을 걷고 난 후 숙소에서의 망중한

족의 카카오톡 단체 대화방에 올렸다. 현재의 내 사진도 함께 올렸더니 집사람과 딸아이가 살이 너무 많이 빠졌다고 걱정하였다.

5시경 빨래를 걷고 침실에 들어와 정리한 후 누웠다. 나중에 K 선생님이 말씀하시길, 내가 눕자마자 코를 골며 잔다며, 그것은 복이라고 하신다. 6시 30분경 식당으로 식사를 하러 갔다. 5인이 한 테이블에 앉아서 식사를 하였다. 파스타, 스파게티와 메인으로 스테이크 그리고 후식으로 아이스크림을 시켰다. 포도주가 한 병 포함되어 있는데, 한 병을 서비스로 더 주었다. J 사장님은 맥주를 마셨다. 맥주 이외의 술은 취한다고, 맥주만 마시겠다고 한다. 옆자리에서 K 선생님은 인솔자 선생님과 함께 식사를 하였다. 저녁을 마치고 O 선생님은 들어가고 넷이 한잔 더 하였다. 9시경 들어와 누웠는데, N 선생님이 들어와 일행이 술을 더 먹지 못하게 해 달라고 한다. 식당으로 가 보니 일행 중 일부는 제법 취기가 있었다. 순례길이 중반을 넘자 알베르게에 도착하는 시간이 점점 빨라지고, 상대적으로 늦게 해가 지는 이곳의 특성상 일행들이 포도주나 맥주를 마시는 상황이 늘었다. 각자 다른 목적으로 순례길을 왔고, 일행과의 진솔한 대화도 필요하다는 점에서 지나친 음주가 아니면 이를 막을 수 없다. 내일 순례길에 지장이 없도록 부탁하고 들어왔다. 일행도 10시 조금 넘어 잠자리에 들었다.

산티아고 순례길

7. 베르시아노스 델 레알 카미노에서 만시아 데 라스 물라스까지
(도보 순례 19일차: 2024.6.12. (수), 총 23일차)

한국 라면의 진가와 Bar 사장의 친절

4명이 한 방에서 자고 싱글침대를 사용하니 아침 6시에 일어나 준비해도 불안하지 않고 잘 준비하여 6시 30분에 무사히 출발하였다. N 선생님은 다리가 아파 버스를 타고 가기로 하였고, J 사장님, Y 여사, O 선생님과 함께 알베르게에서 출발하였다. 오늘은 만시아 데 라스 물라스(Mansilla de las Mulas)까지 약 27km를 걷는 여정이다. 벌써 며칠째 평탄한 길을 걷는 일정이 반복되고 있다. 광활한 농토 사이와 맑은 하늘 아래 길게 늘어진 길을 뚜벅뚜벅 걸었다.

출발 후 7.4km를 걸으면 도착하는 엘 부르고 라네로(El Burgo Ranero) 지역에서 아침 식사를 하였다. 라면을 판다고 한글로 쓰여 있었다. 한국인들이 많이 찾는 Bar인가 보다. 신라면과 김치라면을 주문하고 김치도 사서 먹었다. 신라면과 김치를 먹으니 새로운 힘이 솟는 것 같다. 그리고 어제저녁 디저트로 나온 사과를 O 선생님이 가져와 같이 나누어 먹었다. Bar 주인 내외가 무척 친절하게 대해 주었다. 포도주 한 병을 서비스로 주시고, 1센트짜리 동전의 뒷면에 있는 산티아고 대성당을 보여 주면서 행운의

유로화 1센트의 앞면과 뒷면(스페인 1유로)

순례길 전경

표시로 모두에게 1센트를 주었다. 친절한 부부의 요청으로 같이 사진을 찍었다. 유로화 1센트는 앞면은 발행 국가마다 다르다. 공통적으로는 12개의 별, 발행 연도가 새겨져 있는데, 스페인의 1센트 유로화는 앞면에 산티아고 대성당이 새겨져 있다. 뒷면은 액면으로 유럽을 중심으로 한 지구본이 새겨져 있는데, 1999년에 뤼크 라위크스가 디자인했다고 한다.

여기서 우리 팀은 소주 1병과 김치 하나를 더 샀다. 여기서부터 13km 정도를 더 걷다 보면 렐리고스(Reliegos)에 Bar가 있다고 한다. 천천히 쉬지 않고 걷다 보니 내가 제일 먼저 렐리고스에 도착하였다. 도착하여 보니 오늘 묵을 숙소까지 5.9km가 남았다. 카카오톡을 해도 답이 없더니 한 10분 뒤에 J 사장님, Y 여사, O 선생님이 도착하였다. O 선생님이 다리가 아파 천천히 보조를 맞추어 왔다고 한다. 여기서부터 숙소까지는 서로 말없이 묵묵히 걸었다.

만시아 데 라스 물라스의 숙소 Albergue El Jardin del Camino는 시설이 매우 열악했다. 16명이 한 방에 들어가 1층, 2층 침대에 나뉘어 배정되었고, 샤워 시설도 낡아 물이 밖으로 흘러나왔다. 손빨래하는 곳도 한곳뿐이어서 많이 기다려야 했다.

점심은 숙소 잔디밭에서 소시지에 된장과 맥주를 곁들여 먹고 스페인 컵라면도 먹었다. 점심을 먹고 있는데, K 선생님이 도착하여 소시지 1개를 드렸다.

방에 들어와 잠시 낮잠을 자다가 6시 30분 저녁을 먹자고 하여 숙소 잔디밭의 탁자로 갔더니 속배추, 당근, 오이, 체리 등을 안주로 하여 맥주를 마시는 것으로 저녁을 대신하였다. 매일 헤비하게 먹었는데, 오늘은 덜 헤비하게 먹은 셈이다. 나는 맥주 2잔 정도 마시고 시내를 관광하였다. 만시아는 'Saint James(야고보의 영어 표현)의 문'으로 명명된 성벽(wall)의 남동문이 있는 곳이다. 프랑스 길 순례에서 도시로 들어가는 문이다. 12세기 만시아는 레온 왕국의 첫 번째 관문이었다고 한다. 현재는 양벽만 남아 있고, arcade(회랑, 回廊)은 사라졌다.

레온 왕국의 첫 번째 관문인
Saint James의 문

광장에 있는 순례자상

만시아에는 '은총의 성모 마리아 암자(Ermita De Virgin de Gracia)' 라는 교회가 있다. 만시아와 그 지역에서 숭배되고 있는 여기의 메인 조각상은 Virgen De Gracia이다. 이 교회는 문서에 의하면 18세기에 San Lorenzo 교회에 설치된 것으로 나타나나, 현재 건물은 후에 건축되었고 벽돌과 대리석으로 만들어져 있다. Virgen De Gracia는 만시아의 수호성인(Patron Saint of Mansilla)으로서 만시아 및 인근 사람들이 자주 방문하는 기도 및 예배의 장소라고 한다.

Ermita De Virgin de Gracia 교회와 내부

시내 구경을 마치고 숙소에 돌아오니 J 사장님, Y 여사, N 선생님이 이야기하며 맥주를 마시고 있었다. Y 여사는 이제부터는 술 마시는 것을 자제하겠다고 하며 마시지 않았다. 그 옆 테이블에서 일기 쓰는 것을 마치고 9시쯤 침실로 들어왔다. 내일은 큰 도시인 레온에 도착하여 연속으로 묵게 된다. 그동안 신은 운동화가 밑창이 다 닳고 옆이 찢어져 운동화도 새로 사야 하고, 줌으로 학교 논문 심사에도 참여해야 한다.

8. 만시아 데 라스 물라스에서 레온까지
(도보 순례 20일차: 2024.6.13. (목), 총 24일차)

대도시 레온에 입성하다

6시에 일어나 준비하고 6시 30분에 알베르게를 떠났다. 오늘은 도보 순례 여정의 종반전의 시작점인 레온(León)까지 가는 약 24km의 순례 여정이다. Y 여사와 N 선생님과 함께 출발하였다. 먼동이 트기 전의 쾌청한 날씨는 기분을 좋게 하였으나 춥게 느껴졌다. 바람도 불어 체감 온도가 더 낮게 느껴졌다.

중간 쉼터에서 한 번 더 쉬고 계속 레온을 향해 걸었다. 저 멀리 레온 시내가 한눈에 내려다보이는 지점에 도달했을 때가 10시경이었다.

먼동을 보며 떠나는 순례길

순례자들의 소망이 담긴 글과
각국 화폐들이 벽에 붙어 있는 La Casina 카페

먼저 레온 대성당으로 가기
로 하였다. 숙소가 2시에 열리
기 때문에 레온 대성당을 먼저
돌아보기로 하였다. 아울러 레
온 시내에서 점심 식사도 해결
하고 숙소로 가기로 한 것이
다. 대성당 가는 길도 시내를
통과하여 한참을 갔다. 레온
대성당 앞에 도착하니 많은 사
람들이 성당을 관람하고 있었
고, 일부는 성당 앞의 Bar에서
음식을 먹으면서 쉬고 있었다.
대성당 입장료는 7유로였다.
그래서 미사 여부를 확인하니
12시와 6시에 대성당 근처의
교회에서 이루어진다고 하였
다. 미사가 이루어지는 성당을
찾지 못하였다. 내일 다시 와
서 미사를 보아야겠다고 생각
하였다.

데크를 따라 걷는 순례길

레온 성벽

가우디의 건축물로 유명한 보티네스 저택
(현재는 스페인 회화가 전시된 미술관으로 사용)

레온 대성당 전경

대성당 앞에서 맥주 한잔씩 하고 12시 50분경 출발하여 뷔페식의 중식당 Wok Hui Feng을 찾아갔다. 1시 30분부터 오픈인데, 조금 일찍 도착하여 고기, 채소, 생선 등을 골고루 많이 먹었다. 순례길 출발 이후 가장 배부르게 먹은 것 같다. 그동안 수고한 나에게 대한 보상이라고 생각하였다. Wok Hui Feng 식당은 큰 쇼핑몰인 Contro Comercial León Plaza 안에 있었다. 이 건물 안에 있는 ATM기를 통하여 300유로를 인출하였다. 300유로를 달러로 환산하니 357달러였다. Y 여사에게 빌린 100유로를 갚았다. 우리 팀의 다른 분들도 이 식당으로 와서 식사를 하였다. K 선생님과 인솔자 선생님만 호텔로 직접 간 모양이다.

산티아고 순례길

중식당에서 식사를 마치고 오늘 숙소 호텔까지 걸어갔다. 호텔이 도시 외곽에 있어 호텔까지 가는 데에도 시간이 꽤 걸렸다. 도보 순례 이후 가장 좋은 호텔에 묵게 되었지만, 레온 대성당 등 도심까지 나오기 위해서는 버스 등을 타야 하는 불편함이 있었다. 샤워를 하고 세탁할 옷을 점검하다 보니 블랙야크 점퍼를 어제 세탁하고 아침에 걷어 오지 못한 것이 생각났다. 인솔자 선생님에게 알아봐 달라고 부탁을 하였더니 그쪽 알베르게에서는 옷을 찾을 수 없다는 연락이 왔다.

내일 아침 7시에는 줌으로 열리는 중국인 유학생 L 군의 박사 학위 논문 심사가 있다. 휴대폰의 파일이 열리지 않아 인솔자 선생님의 도움을 받았다. 또한 내일 하루 레온에서 연속적으로 묵으면서 휴식을 취하는데, 운동화도 새로 사야 한다. 기존에 신었던 트래킹화가 옆이 찢어지고 바닥이 다 닳아 바꾸지 않으면 안 된다. 일기를 쓰다 졸려 잠시 누웠다가 일어났더니 8시가 다 되었다. J 사장님에게서 전화가 와 지금 저녁을 어떻게 할 것인가를 논의하고 있다고 하여 호텔 식당으로 내려갔다. 어디 식당으로 가기보다는 우리 방으로 가서 라면과 빵 등을 먹기로 하였다. 또한 소주, 포도주, 캔맥주도 한 잔씩 하면서 순례길에서 느낀 점 등을 이야기하기로 하였다. 점심을 잘 먹은 관계로 다들 나가서 저녁을 먹기는 무리라고 생각하였다. 10시 30분까지 우리 방에서 대화를 나누다가 각자 방으로 가고, 우리도 정리하고 잠자리에 들었다.

9. 레온에서 연속으로 묵다

(2024.6.15. (금), 총 25일차)

레온에서 연속으로 묵으며 재충전하다

아침 5시경 일어나 세수하고 제자 L 군이 작성한 3차 심사용 이행 글과 P 교수가 제안한 글 등을 읽고 아침 7시(한국 시간으로 오후 2시)에 논문 심사를 시작하였다. L 군이 초대해 주어 줌으로 참여하였다. 위원들이 매번 심사할 때처럼 한국어가 미숙한 부분, 문장이 미숙한 부분을 말하며 다수가 한 학기를 더 준비할 것을 주장하였다. 논문은 체계는 갖추었으나, 다수의 심사 의견을 따르기로 하였다. 총 1시간 30분이 걸렸다. 열심히 한 L 군에게는 국내에 있으면서 더 살펴 주어야 하는데, 미안하게 생각되었다. L 군에게는 실망하지 말고 더 좋을 논문을 쓸 기회로 삼자고 위로하였다.

모두 식당에서 커피 한잔하고 있다고 하여 내려가서 커피와 파리바게트 빵으로 간단히 아침을 먹었다. 11시에 버스 정류장에서 만나 레온 대성당에 가서 미사도 보고 쇼핑도 하면서 점심까지 먹고 오기로 하였다. 호텔 방에서 일기를 작성하며 휴식을 취하다 11시에 호텔 뒤 병원 앞 버스정류장에서 5인이 만나 버스를 타고 레온 대성당을 다시 방문하였다. 버스비는 1인당 1.2유로로, 총 6유로를 공유 비용으로 계산하였다. 버스는 우리나라 버스와 달리 안내 방송이 따로 없어 내릴 정류장을 주의하여 봐야 한다. 앞뒤가 마주 보고 앉아 뒤를 보고 탄 경우에는 더욱 헷

갈릴 수 있다. 버스를 타고 구글 맵을 켜고 버스로 바꾼 다음, 가고자 하는 근처에서 벨을 누르고 내려야 한다. 우리 팀에서는 O 선생님이 안내를 도맡아 해 주었다. 대성당 근처에서 버스를 내려 걸어서 다시 레온 대성당을 방문하였다. 나는 어제 레온 대성당이 다 나오는 곳에서 사진을 찍었는데, 다른 사람들은 오늘 사진을 찍었다. 나와 Y 여사는 대성당 옆 교회에서 미사를 보았다. 영성체까지 모셨다. 끝나고 탈복하고 나오는 신부님과 사진을 찍었다.

그 교회 안에 세워진 많은 조각상들의 인물이 누구인지 모르겠다. 스페인 사람에게 물어보니 자기들도 잘 모르고 성자(Saint) 같다고만 한다.

미사가 열린 성당　　　　　성당 옆의 석상

우리가 미사를 보고 있는 동안 다른 사람들은 대성당 앞에서 스페인 명물 쑤루스와 맥주를 먹고 있었다. 그때 저 멀리서 얼마 전 만났던 일본인 Tomoko 상이 큰 가방을 메고 대성당 안으로 들어가는 것 같아 쫓아가려고 하였는데, 빠르게 대성당 안으로 들어가 버렸다. 큰 가방을 메고 열심히 온 것 같다. 순례길 내내 스케치를 하며 온 것 같은데, 생각과 경험을 공유하고 싶었지만 일정이 있어 만나지 못하였다.

　신발 가게를 알아보려고 갔던 O 선생님이 오자 다 함께 신발 가게를 찾아갔다. 여러 신발을 비교하다 빨간색의 HOKA 등산화를 160유로로 샀다. 그동안 신었던 트래킹화는 바닥이 닳았고, 옆이 찢어져서 다시 신기가 어려웠다. 다른 사람들도 운동화를 바꾸어야 한다고 한목소리로 주장하였다. 빨간색에 주저하였으나, 발에 맞는 것이 그것뿐이고 여성분들이 강력히 추천하여 변화를 시도할 목적으로 구입하였다. 신발을 사고 점심은 작은 성당 근처의 Boccalino Bar에서 문어 요리 뽈보와 파스타, 미트볼 등을 시켜 공유하여 먹고 큰 맥주를 한 잔씩 하였다.

　점심 식사를 마치고 저녁 식사 장만을 위해 아시안 슈퍼에 들러 신라면과 맥주 등을 사서 버스를 타고 다시 호텔로 돌아왔다. 각자 휴식을 취하다 6시에 어제처럼 우리 방에 모여 식사를 같이 하기로 하였다. 6시에 우리 방에 모여 신라면 등 컵라면을 김치와 함께 먹었다. 해외에서 먹는 라면 맛은 일품이었다. 맥주도 7도 짜리 12캔과 땅콩 안주도 준비해 와서 잘 먹었다. 38유로로 5명이 만족스럽게 먹었다. 순례길에 처음으로 하루를 더 묵으며 모처럼 힐링하는 기분을 유지하였다. 식사 후 호텔 식당으로 가서 한잔 더 하기로 하였다. 나중에 내가 내려가 보니 위스키를 마시고 있었다. 위스키를 한잔씩 마시면서 종반전에 들어선 순례길에 대한 감상과 각자의 느낌을 이야기하며, 유종의 미를 거두자고 의기투합하였다. 10시 30분까지 수다를 떨다 들어와 잠자리에 들었다.

3
도보 순례 종반기
(레온에서 산티아고 데 콤포스텔라까지)

1. 레온에서 산 마르틴 델 카미노까지
(도보 순례 21일차: 2024.6.15. (토), 총 26일차)

말을 바꾸어 타다

　레온의 외곽에 있는 호텔에서 6시 30분 도보로 출발하였다. 그동안 500km를 걸어오면서 함께한 트래킹화가 찢어지고 닳아 어제 레온에서 미국산 HOKA 트래킹화를 새로 사 신고 출발하였다. 그동안 신었던 운동화는 호텔에 남겨 두고 떠났다. 순례길에 두고 떠날까도 생각했지만, 호텔에서 처리해 주길 바랐다. 새로

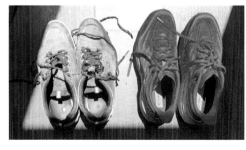

신발의 교체

산 신발은 쿠션이 좋고 발이 편안했다. 빨간색이라 주위의 시선을 한눈에 받을 것 같다. 변화의 시도이다.

순례길에서 만난 현대자동차 지사

　요즈음 순례길 날씨는 새벽에는 6~10도, 한나절은 20도 안팎으
로, 아침에는 제법 춥다. 바람이라도 부는 경우는 체감 온도는 더
낮다. 공기는 선선하나 한참 걷다 보면 땀이 나곤 한다. 레온 시
내를 벗어나는 데에도 상당한 시간이 걸렸다. 레온을 벗어나 트
로바호 델 카미노(Trobajo del Camino)로 접어들고, 나즈막한 오르
막을 계속 오르다 현대자동차 지사를 보았다. 반가웠다. 스페인
에서 간혹 국산 자동차를 보는데, 일본 차에 비하여 현저히 적다.
곧이어 라 비르헨 델 카미노(La virgen del Camino)에 도착하였다.

초반에는 J 사장님이 빨리 앞서가고 Y 여사와 나는 보조를 맞추어 함께 걸었다. 레온 시내를 벗어나 Bar에서 커피와 샌드위치로 조식을 먹고, 라 비르헨 델 카미노에서 오렌지주스를 마셨다. 여기부터는 O 선생님과 보조를 맞추어 걸었다. 순례길은 빨리 가는 것보다는 천천히 생각하면서 감상하면서 걷는 것이 제일이라는 말이 있다. O 선생님이 '술을 좋아하는 일행이 많은데, 순례의 의미를 생각하면 과음을 자제하자'는 의견을 내었다. 맞는 말이지만, 순례길을 걷고 나서 마시는 맥주 한잔은 정말 좋다.

중간에 쉬는 경우에도 바람이 불어 금방 추워져 다시 서둘러 걷곤 하였다. 발베르데 데 라 비르헨(Valverde de la Virgen)에서 순례자 조형물이 나타나 조형물 앞에서 사진을 찍고 쇼호스트인 딸아이가 부탁한 선크림 촬영 협조를 하였다. O 선생님이 조형물 앞

발베르데 데 라 비르헨의 순례자 조형물

산티아고 순례길

에서 선크림을 들고 있는 사진을 몇 컷 찍어 주었다.

5km 정도를 남기고부터는 좀 지루한 농경지 사이의 시골길을 걷는 여정이었다. 1시 30분경 산 마르틴 델 카미노(San Martin del Camino)의 Albergue Perigrinos Santa Ana Hostel에 도착하였다.

먼저 숙소 식당에서 샐러드, 스테이크, 파스타, 닭고기 등을 주문하여 나누어 먹었다. 샤워 후 가벼운 손빨래를 한 다음 정원 테이블에서 일기를 썼다.

오늘 저녁은 각자 해결하자고 하여 그러자고 하였다.

6시 30분 J 사장님과 K 선생님과 함께 3분 정도 떨어진 Bar에서 식사하기로 하였다. Bar에서 스테이크 본 요리를 12유로에 주문하여 먹었다. 포도주 한잔이 포함되어 있었다. 모두 비교적 만족하며 식사를 모두 비웠다. 나중에 디저트도 당연히 포함되는 것으로 보고 바닐라 아이스크림을 시켰으나, 3유로라고 한다. 그래서 셋이 15유로씩 나누어 부담하였다. 식당에는 한국인을 포함한 동양인들이 샐러드와 빠에야 등을 시켜 먹고 있었다.

식사 후 옆 슈퍼에 들러 사과 3개, 복숭아 5개, 땅콩, 맥주 2캔 등을 9유로에 샀다. 숙소에 와서 J 사장님과 맥주 한 캔씩 나누어 마시고 9시가 넘어 침대에 누웠다. 모처럼 인터넷 등을 검색하다가 11시경 잠이 들었다.

명예의 다리와 카미노의 초콜릿

숙소에서 6시 30분 내가 K 선생님과 조금 먼저 떠나고 곧이어 J 사장님, Y 여사, N 선생님, O 선생님이 출발하였다. 오늘은 아스트로가(Astroga)까지 약 25km를 걷는 여정이다. 순례길 표시가 나오기까지 K 선생님과 동행하다가 우리 일행과 보조를 맞추어 걸었다. J 사장님이 앞서가고, 그 뒤에 나와 Y 여사가 보조를 맞추어 걷고, N 선생님과 O 선생님이 따라오는 형태로 걸었다. 산마르틴에서 1km 정도 걸어 나오면 포장도로 우측의 순례길을 걷게 된다.

도로 옆을 걷는 순례길

출발 후 약 7km 지점에 있는 푸엔테 데 오르비고(Puente de Orbigo)의 식당에서 커피와 어제 산 복숭아 및 사과 등으로 조식을 먹었다. O 선생님이 주문한 생선 냄새가 나는 빵은 다른 사람들이 먹지 않아 내가 대부분을 먹었다. 10유로씩 거두어 공동 비용을 보충하였다. J 사장님에게는 어제 산 과일값의 반인 5유로를 주었다. 어제 여성 3분은 스페인 누들을 먹고, 소시지와 오이는 오늘 주방을 이용하는 것이 가능하면 모두 함께 먹을 생각이었다고 말해 주어 어제 각자 저녁을 먹자는 말에 대한 J 사장님의 오해가 풀렸다. 우리가 식사한 Bar에는 닭들을 키우고 있었는데, 손님들을 무서워하지 않고 가까이에서 먹이를 구걸하는 모습이 매우 인상적이었다.

오스피탈 데 오르비고(hospital de Orbigo)에 도착하기 전에 붉은 색의 탑이 있는데, 정확히 무슨 용도의 탑인지는 모르겠다. 여기서 사진을 찍었는데 사진을 찍는 내 그림자가 크게 나타난다. 산티아고 순례길(프랑스 길)은 동쪽에서 서쪽으로 걷는 길이어서 그림자가 항상 앞에 간다.

이어 오스피탈 데 오르비고의 멋진 중세 다리를 통과하게 된다. 오르비고 강을 가로질러 세워진 이 다리는 길이도 길고, 역사적 의미가 담긴 다리로 유명하다. 다리 옆에는 승마장 같은 시설 등 여러 시설들이 있다. 이곳은 다리를 사이에 두고 두 개의 마을로 나뉘어져 있다. 이 다리는 로마 시대에 처음 축조되어 여러 시대에 걸쳐 변형되었으며, 산티아고 순례길에서 가장 긴 다리라고 한다. 또한 스페인에서 가장 유명한 기사도 정신이 발휘된 곳으로, 세르반테스의 걸작, 돈키호테의 무대가 된 다리라고도 한다.

이 다리는 명예로운 걸음의 다리(Puente del Passo Honroso)라고 하는데, 기사도적인, 어쩌면 슬픈 이야기가 전해 내려온다. 후안 2세 시절, 기사 돈 수에로 데 키뇨네스는 그의 연인인 도냐 레오노르 데 또바르와 기묘한 약속을 했다. 그녀에 대한 사랑의 표시로 매주 목요일 목 칼을 차고 다니기로 한 것이 그 약속이다. 만약 약속을 어기면 300개의 창을 부러뜨리거나 오르비고 강 위의 다리에서 한 달 동안 결투를 하기로 했다. 돈 수에로는 이 약속을 지키는 데 지쳐서 싸움을 허락해 달라고 왕에게 요청하고, 유럽 전역에 있는 기사들에게 자신이 목 칼을 벗을 수 있게 도와 달라는 편지를 썼다. 이에 수많은 기사들이 싸움에 참가해서 그의 편에 서기도 했고, 그와 맞서 싸우기도 했다. 1434년 7월 10일부터 8월 9일까지 7월 25일 성 야고보의 축일을 제외하고 약속대로 한 달간 창 싸움이 이어졌다(한 명의 기사가 사망했다). 마침내 결투가 끝나자 돈 수에로는 목 칼을 벗었고, 그 후 그는 자유의 상징인 도금된 은 족쇄를 성 야고보에게 바치기 위해 산티아고로 순례를 떠났다고 한다. 현재에도 산티아고 대성당에는 그가 바친 족쇄가 보존되어 있다고 한다. 돈 수에로는 24년 뒤 이 다리 위에서 또 다른 결투를 하다가 다른 기사의 손에 죽었다고 한다. 이곳에서는 약속을 지키기 위해서 돈 수에로가 벌인 결투를 기리는 축제가 매년 6월의 첫 번째 주말에 열린다고 하는데, 우리가 통과하기 일주일 전이어서 축제를 보지 못한 것이 아쉽다. 이때에는 도시 전체를 중세 식으로 꾸며 놓고 중세식 시장을 열고, 마을의 사람들이 중세 복장을 하고 축제를 즐긴다고 한다.[18]

---

18 대한민국 산티아고 순례자 협회(http://caminocorea.org)에서 참고.

아침을 먹고 가는 길은 두 길 중 다양한 풍경을 느낄 수 있는 길을 택해 걸었는데, 높낮이가 제법 반복되는 길이었다. 중간 푸드트럭에서 한 번 쉬고 계속 걸었다. 운하를 지나기도 하고 드넓은 농경지와 들판, 시원하게 뻗어 있는 물푸레나무의 그늘을 지나가기도 한다. 순례 길은 구시가지와 소박한 평원과 농경지를 지나는 아름다운

명예로운 걸음의 다리

길로 이어진다. 포도나무와 밀밭 사이를 걷기도 한다.

산티바녜스 데 발데이 글레시아스(Santibanes de Valdeiglesias)를 지나게 되었는데, 이 마을에는 카미노의 유산을 볼 수 있는 산티시마 삼위일체 교구 성당(Iglesia Pparroquial de la Santisima Trinidad)이 있고, 땅 밑에 있다가 열세 개의 돌계단을 지나오는 샘이 있다고 하는데 보지 못하고 지나쳤다. 산티바녜스 데 발데이 글레시아스를 지나 약 400m에 이르는 내리막을 조심해서 지나면 이 길의 끝에는 성 토르비오의 십자가(Crucero de Santo Toribio)가 있다. 산 후스토 데 라 베가(San justo de la vega)에 있는 이 십자가에는 유래가 있다고 한다. 안내서에 따르면 5세기의 아스트로가 주교였던 성 토르비오는 억울한 누명을 쓰고 아스트로가에서 추방당했는데, 세월이 흘러 주교가 누명을 썼다는 것을 알게 된 아스트로가 사람들은 이 언덕에 그를 기리는 십자가를 세웠다고 한다. 갈라졌던 길이 여기서 다시 합류한다. 십자가에서 보면 오늘 묵을 Astroga가 내려다보인다.

성 토르비오의 십자가

십자가 앞에서 사진을 찍고 있는데, 다른 길로 출발했던 K 선생님이 오시는 것이 아닌가? 굉장히 빨리 오신 것 같다. 한 번도 안 쉬고 오셨다고 한다. 내가 사진을 찍어 드렸다. 여기서부터 내리막을 내려가서 나온 마을에서 우리는 착즙 오렌지주스를 마시고 있는데, K 선생님은 쉬지 않고 계속 가셨다.

여기서 3.6km를 더 걸어 1시경에 아스트로가의 숙소에 도착하였다. K 선생님이 오늘 1번으로 도착한 것이다. 오늘은 일요일이라 슈퍼는 모두 닫혀 있으며, 식당들은 많다고 한다. Y 여사가 식료품 가게가 나오면 고기를 사서 고추장 불고기를 하겠다고 하여 기대하였으나, 가게가 없었다. 샤워하고 세탁을 하는 동안 Y 여사가 누룽지에 소시지와 오이를 넣은 스파게티를 푸짐하게 준비해 주었다. 고추장에 양파와 오이들을 버무린 것은 좋은 안주가 되었다. 맥주도 캔맥주와 병맥주를 각각 하나씩 마셨다. 설거지는 당번인 J 사장님이 하였다. 저녁은 사정을 보아 함께하는 것을 결정하자고 하였다.

아스트로가는 어느 작가가 '카미노의 초콜릿'으로 표현한 바 있는데, 비교적 많은 문화유적과 먹거리가 풍부한 상가를 포함하고 있었다. 아스트로가는 가톨릭교회 최초의 이단자인 쁘리실리아노가 처형당한 곳이라고도 한다. 아스트로가에서는 꼬시도 마라가또(Cocido Maragato)라는 음식과 과자 만떼까다(Mantecadas)를 꼭 맛봐야 한다고 한다. 꼬시도 마라가또는 9가지 정도의 고기와 가르반소(Garbanzos: 병아리콩) 요리와 수프 등이 나오는 전통 음식으로, 고기를 먹고 그다음에 나머지 곁들인 음식을 먹는다는 점이

가우디가 설계한 주교궁

산타 마리아 대성당

특색이라고 한다. 만떼까다는 버터가 들어간 과자라고 하는데 경험하지 못하였다. 4시가 넘어 K 선생님과 가우디가 설계한 유명한 주교궁과 옆 산타마리아 대성당을 돌아보고 오니 5시가 넘었다.

J 사장님을 비롯하여 일행이 방에 없는 것이 어디서 맥주를 마시고 있는 것 같다. 나는 복도 책상에서 일기를 쓰고 있는데, 인솔자 선생님과 K 선생님이 저녁을 먹으러 간다고 나갔다. C 여사는 비싼 포크립을 저녁으로 먹었다고 한다. O 선생님이 와서 다들 나갔는데, 우리도 저녁을 먹으러 가자고 한다. O 선생님과 포크립이 유명하다고 하는 식당에 들렀더니 7시 30분에 문을 연다고 한다. 그래서 우리 팀원들에게

연락하니 Y 여사, J 사장님, N 선생님이 숙소에서 가장 가까운 맥줏집에 있다고 하여 그리로 갔더니 이미 여러 잔을 마신 상태였다. 8시 미사에 참석하기로 하여 7시 40분 숙소 근처의 성당에 가서 8시 30분까지 미사를 보았다.

O 선생님만 숙소로 들어가고, 다른 분들은 아직 맥줏집에 있다고 하였다. 미사를 보고 일행과 합류하여 2잔 정도 마시고 숙소로 돌아왔다. 인솔자 선생님에게 10시에 숙소가 문을 닫으니 유의하라는 문자를 보내게 하였다. 이 문자가 효력을 발휘하였는지 모든 일행이 10시 이전에 들어와 잠을 잤다.

3. 아스트로가에서 폰세바돈까지
(도보 순례 23일차: 2024.6.17. (월), 총 28일차)

고도 1,450m의 숙소, 순례자 여권을 잘 간수하자

숙소에서 5시 40분에 기상하여 양치와 세수를 하고 난 후 조심스럽게 짐 정리를 하고, 6시 20분에 알베르게를 떠났다.

Y 여사도 일찍 일어났는지 복도에서 서성이고 있었다. J 사장님, Y 여사, K 선생님과 함께 출발하였다. 오늘은 폰세바돈(Foncebadon)까지 약 26km를 걷는 여정이다. 아스트로가부터는 고도가 완만하게 높아진다. 아스트로가의 고도가 950m인데, 폰세바돈은 고도가 1,450m라고 한다. 출발 후 4.7km 지점인 무리아스 데 레치발도(Murias de Rechivaldo)의 Bar에 도착하였는데, 문은

열려 있는데 영업을 하지 않는다고 한다. 7시 전이라 그런 것 같다. 다시 4.5km를 더 가서 산타 카타리나 데 소르모사(Santa Catalina de Somoza)의 Bar에 들러 커피와 토르티야 및 빵을 주문하여 먹었다.

다시 출발하면서는 J 사장님, Y 여사와 끝말잇기 게임을 하면서 걸었다. 순례길을 훨씬 덜 지루하고 유쾌하게 걸을 수 있었다. 맥주 3잔, 스페인 누들, 소시지 및 계란 등 내기를 하여 J 사장님이 맥주 3잔, Y 여사가 스페인 누들, 내가 소시지 및 계란이 걸려 모두가 공평하게 부담하게 되었다. 엘 간소(El Ganso) 마을 길가 Bar에서 맥주 한잔을 마시고 있는데, O 선생님이 지나가면서 불러 같이 걸었다. O 선생님은 7시에 출발하였는데 빨리 온 셈이다. 라바날 델 카미노(Rabanal del Camino)의 성모 승천 성당에 들러 기도를 올리고 성당을 둘러보았다. 스탬프(세요)는 앞의 수도원 건물의 성물 판매소에서 찍어 주었다.

라바날 델 카미노는 순례자들에게 휴식과 성찰의 장소로 유명한 곳이라고 들었다. 이 마을은 스페인의 황금시대를 이끌었던 필리페(Felipe) 2세가 430여 년 전에 지나가다가 하룻밤을 묵었다는 방이 오늘날까지 보존되어 있다고 하며, 다양한 전설을 지니고 있다고 한다. 마을의 성모 승천 성당(Iglesia Parroquial de la Asuncion)은 폭풍우가 마을로 다가오면 신도들이 이 성당에 모여 성 바르바라에게 도움을 청하며 성당의 종을 치면 폭풍우가 마을을 비켜 가 해를 입지 않는다는 전설을 가지고 있다고 한다. 그리고 산 호세 소성당(Capilla de San Jose)은 정직한 마부의 봉헌으로 건립되었다고 한다. 즉, 이름을 알 수 없는 시장 상인이 마라가떼리아의 마부 호세 카스트로(Jose Castro)란 사람에게 큰 상자 하나를 맡긴 후 자신이 그의 집으로 직접 찾으러 가겠다고 약속하였다. 그러나 약속한 날이 한참을 지나도 짐을 찾으러 오지 않았고 이에 마부는 상자를 열어 그 상자의 주인을 찾을 수 있는 기록을 찾으려 했다. 상자 안에는 비싼 보물들이 가득했지만, 누구의 것인지에 대한 단서는 하나도 없었다고 한다. 시간이 흘러 죽을 날이 다가온 마부는 그때까지 잘 보관하고 있던 상자를 열어 성당을 짓는 데 봉헌했다고 한다.[19] 또한 이 마을에는 베네딕토 수도원(Monasterio de San Salvador del Monte Irago)이 있어 순례자들이 기도와 명상을 할 수 있는 피정의 집을 제공하기도 한다고 한다. 한국인 신부님도 있다고 한다.

여기서부터 폰세바돈까지는 5.6km가 남았는데, 완만한 오르막이 반복되었다. 자갈길이어서 조금 힘들었다. J 사장님이 먼저 도착하고 이어 내가 도착하니, 뒤따라오던 Y 여사가 순례자 여권을 잃어버렸다는 소식이 들려왔다. 전화를 하였더니 여권을 찾기 위해 온 길을 돌아가고 있다고 한다. 나와 함께 성물을 팔고 있는 건물에서 스탬프를 찍었기 때문에 그곳에서 안 가져왔을 가능성이 있다고 말해 주었다. Y 여사는 성물방이 닫혀 있어 그 옆 Bar에서 기다리고 있는데, 한국인 신부가 있어 다행히 순례자 여권

---

19 대한민국 산티아고 순례자 협회(http://caminocorea.org)에서 참고.

을 찾았다고 연락이 왔다. 다행이다. Y 여사는 나중에 택시를 타
고 왔다.

폰세바돈까지의 오르막길   고도 1,450m에 있는 폰세바돈의 숙소

　가족 카카오톡 단체 대화방에 순례길 소식과 어머니 병원 예약
상황을 알리고 부탁을 하였더니, 형제들이 살이 많이 빠졌다며
건강하게 완주하길 기원해 주었다. 샤워 후 직접 세탁을 하였는
데, 고도가 높아 바람이 많이 불어 빨래집게를 이용하여 빨래를
단단히 고정시켰다. 잠시 숙소에서 눈을 붙였다가 일어나 산책을
하려고 하였으나 바람이 많이 불고, 산 중턱에 있는 마을이라 작
고 특별히 인상적인 것이 없었다. 빨래를 걷는데 기능성 옷은 금
방 말랐지만, 양말은 아직 다 안 말랐다. 물기는 빠졌기에 그냥
걷어서 가방에 넣었는데 나중에 함께 들어 있던 옷가지들에서 쉰

산티아고 순례길

냄새가 나서 낭패를 보았다.

6시 30분 넘어 낮에 산 스페인 누들에 계란을 하나씩 넣은 것으로 저녁 식사를 하려고 하였다. N 선생님이 스테이크 요리를 시켰고, 우리는 스테이크와 피시를 시켜서 공유해서 먹었다. 라면과 공유한 음식에 맥주를 곁들여 마셨다. 오늘은 술 마시는 것도 자제하여 공식적인 저녁을 마쳤다. 8시 조금 넘어 침대에 누워 모처럼 유튜브와 한국 뉴스를 보다 잠이 들었다.

4. 폰세바돈에서 폰페라다까지
(도보 순례 24일차: 2024.6.18. (화), 총 29일차)

철의 십자가에서의 기도

6시 30분에 고도 1,450m의 폰세바돈의 Albergue El Covento de Foncebadón에서 출발할 때 비가 내리고 있어 우의를 입고 출발하였다. 날씨가 흐리니 더 어두컴컴하였다. 날씨는 최저 8도, 최고 14도로 꽤 추웠다. 비가 내리고 있어 체감 온도는 더욱 춥게 느껴졌다. 먼동이 트기 전 비가 내리는 길을 K 선생님을 비롯한 우리 팀 5명이 함께 출발하였다.

출발 후 1.9km 지점에는 유명한 '철의 십자가'가 있는데, 전체 순례길 루트 중 가장 상징적인 로드를 보유한 랜드마크라고 한다. 철의 십자가에 수많은 돌이나 소지품들이 놓여 있다. 철의 십자가에 올 때는 봉헌할 돌을 미리 준비하고 작성할 기도문을 돌에 펜

먼동이 트기 전 우비를 입고
알베르게를 떠나기 직전

철의 십자가 앞에서

으로 적어 가지고 가는 경우가 많다고 한다. 십자가 밑에 쌓여 있
는 돌들은 이탈리아 사람들이 각자의 집에서 가져온 돌을 놓고
기도를 올리고 간 것을 시작으로, 다른 순례자의 돌이 쌓여 돌무
더기가 되었다고 한다. 죄 많은 나를 버리고 죄 없이 돌아간다는
의미로 많은 사람들이 이곳에 서서 기도하는 시간을 갖는다. 인
솔자 선생님의 말에 따르면 그중 놓고 와야 할 것은 고향에서 가
져온 자신의 단점이라고 한다. 또 철의 십자가에서 사진을 찍을
때는 십자가를 올려다보는 모습으로 찍을 것을 추천하였다. 비가
내리는 가운데 철의 십자가 앞에서 용서와 반성의 기도를 올렸
다. 철의 십자가 앞에서 서로 여러 장의 사진을 찍어 주었다. 철
의 십자가는 예전에는 철로 만든 십자가를 세워 두었는데 세월

산티아고 순례길

따라 철이 부식되고 쓰러졌다고 한다. 이후 고도가 높아 바람도 많이 부는 곳에 있는 철의 십자가를 나무 기둥으로 대체해서 부식과 쓰러지는 위험을 방지했다고 한다. 첫 번째 철의 십자가의 기둥은 현재 아스트로가 가우디의 건축물인 순례자 박물관에 보관하고 있다고 한다.

철의 십자가에서 만하린(Manjarin)까지는 완만한 오르막이다. 만하린의 Bar에서 커피와 빵 등을 먹었다. Bar에 토치카 난로가 설치되어 비를 맞은 순례자들에게 따뜻함을 제공해 주었다. 비가 계속 내렸다.

만하린부터는 내리막이 길게 계속되는 어려운 코스이다. 비가 내려 순례길이 위험하고 끊긴 곳도 있어 순례길 옆의 도로를 이용하여 걸어갔다.

비로 인하여 도로길 이용

비는 그쳤으나 좁은 돌길이 끊임없이 계속되었다. J 사장님과 Y 여사가 앞에 서고 나와 N 선생님이 조금 뒤에서 걸었다. N 선생님은 발에 문제가 있어 몇 번을 택시 및 버스를 이용하여 숙소에 도착한 바 있다. N 선생님이 내 뒤에 바짝 붙어 잘 따라왔다. 나중에 나온 마을에서 쉬면서 발이 아파 죽을 뻔했는데, 산에서 뒤떨어지면 무슨 일이 벌어질지도 모른다고 생각하여 악착같이 따라붙었다고 하였다.

우리 팀의 다른 일행 4분은 만하린에서 택시를 타고 숙소로 왔다고 한다. 만하린에서 몰리나세카(Molinaseca)까지 내리막이 계속되었다. 비가 와 미끄러워 일부 구간은 돌길에서 벗어나 포장된 차도를 따라 걷기도 하였다. 그리고 비는 그쳤으나, 캄포(Campo) 지방까지는 내리막 돌길이어서 무척 조심해서 내려왔다. 일부는 절벽 길에 바위 길이 연결되어 있었다.

돌길을 내려와 몰리나세카(**Molinaseca**)에 도착

내리막 돌길

산티아고 순례길

여기서부터 폰페라다 숙소까지도 좀 지루하게 걸은 다음 도착하였다. Albergue Guina Hostel에 2시 30분에 도착하였다. 샤워와 세탁을 한 다음, 우리 5인은 숙소 식당에서 라면으로 점심을 때웠다.

일기를 쓰고 조금 눈을 붙였다. 6시 넘어 저녁은 슈퍼에서 사온 피자, 스파게티 등을 먹었다. 옆자리에는 고등학교 동창이라는, 나이가 지긋한 네 분이 참 재미있게 저녁을 먹고 있었다. 포도주잔까지 지니고 다니시는 베테랑들이었다. 알베르게에서 또 다른 한국인도 여럿 만났다. 10시경 잠자리에 들었다.

폰페라다에는 유명한 템플기사단의 성 등 명소가 많은 데 피곤하여 시내 구경을 하지 못하였다. 다만 옷을 사러 간 K 선생님과 인솔자 선생님이 폰페라다 성에 뜬 무지개를 촬영하여 공유해 주었다.

폰페라다 성에 뜬 무지개

5. 폰페라다에서 비야프랑카 델 비에르소까지
(도보 순례 25일차: 2024.6.19. (수), 총 30일차)

용서의 문과 〈스페인 하숙〉 촬영지

오늘은 24km 정도를 걷는 코스로, 대체로 무난하다는 평가가 있는 여정이다. 날씨는 최저 10도, 최고 20도로 강수 확률이 50%로 예보되었다. 6시 30분에 Guiana Hostel에서 우리 5인과 K 선생님이 같이 출발하였다. 폰페라다 성(Ponferrada Castle, Castillo de Ponferrada) 쪽으로 가면 카미노길 표시가 나타난다고 하여 성까지 갔다. 성곽이 굉장히 오래되어 보이며, 웅장하였다. 이 성이 바로 '템플기사단의 성(Castillo de los Templarios)'이라고도 불리는 성이다. 폰페라다(Ponferrada)에 있는 '템플기사단의 성'은 중세 십자군

폰페라다 성(템플기사단의 성) 앞에서

전쟁 때 순례자 보호를 목적으로 설립된 것이라고 한다. 서방에 속한 교회의 기사 수도회로 붉은색 십자가로 표시된 흰색 겉옷이 상징적이다. 성 방문 시, 순례자들은 입장을 할인해 준다고 하는데, 아침 일찍 출발하는 관계로 성안을 관람하지는 못하였다.

도시를 벗어나는 데에도 꽤 시간이 걸렸다. 컬럼브리아노스(Columbrianos)마을에서 커피와 빵 등으로 조식을 하였다. 푸엔테스누에바스(Fuentesnuevas)를 지나 컴포나라야(Componaraya)에서 착즙 오렌지주스를 한잔 씩 마시고 다시 출발하였다. 순례길에 작은 성당이 많았다. 문을 연 성당은 들러서 마음의 안정을 찾고자 노력하였다.

남은 거리 203.9km 표지석을 지나며

오늘은 비교적 여러 마을을 통과하였다. 가는 길마다 앵두나무와 체리나무 등이 있어 따 먹기도 하면 계속 걸었다. 예외 없이 마지막에는 좀 지루한 면이 있는 길을 걸었다. 드디어 목적지까지 남은 거리 200km을 돌파하여 190km대로 들어섰다.

콜롬브리아노스의 성 야고보가 그려진 산블라스와 산 로케 성당

인솔자 선생님이 2시에 알베르게가 오픈하니 점심 식사를 하고 숙소에 오는 것이 좋겠다고 하였다. 목적지인 비야프랑카 델 비에르소(Villafranca del Bierzo)의 마을 입구에 있는 Bar에서 스파게티 4종과 맥주를 시켜 먹고 숙소로 왔다.

비야프랑카 델 비에르소의 입구에 있는 산티아고 성당(Iglesia de Santiago)의 '용서의 문'은 유명하다고 한다. 13세기에 지어진 이 성당은 산티아고 대성당과 같은 영적 의미를 지니는 곳으로, 병들었거나 여러 가지 피치 못할 이유로 더 이상 순례를 못 하게 된 신자들이 용서를 청하며 그 문을 통과하면 산티아고에 도착한 것으로 간주했다고 한다.

산티아고 성당(Iglesia de Santiago, Castillo de Villafranca del Bierzo)과 용서의 문

산티아고 순례길

비야프랑카 델 비에르소에는 이 성당 이외에도 성 프란시스코 성당(Iglesia de San Francisco), 아눈시아다 수도원(Convento de la Anunciada), 산 니콜라스 엘 레알 수도원 성당(Iglesia de San Nicolás El Real) 등 중세의 기품이 남아 있는 종교 시설이 남아 있다. 이 중 산 니콜라스 엘 수도원이 우리나라 TV 프로그램 〈스페인 하숙〉을 통해서 널리 알려진 바 있다. 17세기에 예수회 신학교로 지어졌으며, 현재 앞은 호텔(2층)로, 뒤는 알베르게(3층)로 사용된다. 호텔은 아주 훌륭한 시설을 갖추었다고 한다. 〈스페인 하숙〉 촬영은 알베르게에서 이루어졌다.

우리보다 숙소에 늦게 온 P 여사가 내가 전에 만났던 일본인 Tomoko 상을 길에서 만났는데, 나에게 안부 전해 주라고 했다고 한다. S 양이 Tomoko 상의 인스타그램 아이디를 받았다고 한다. 다시 인연이 이어질지 모르겠다.

빨래를 하고 일기를 쓰다 잠시 눈을 붙였다. 깨어나 보니 6시가 넘어 있었다. K 선생님이 슈퍼에 안 가냐고 하셔서 우리 팀 5인이 저녁을 함께할지도 모른다고 답하고 자리에 누워 있었는데, J 사장님에게서 전화가 왔다. 숙소 오른쪽으로 올라오면 무슨 Bar가 있으니 그리로 오라고 한다. 갔더니 큰 광장이 있고 많은 Bar 등이 있었다. 우리나라 TV에서도 소개된 〈스페인 하숙〉의 촬영지 근처라고 한다. Bar를 찾아서 들어가니 J 사장님과 O 선생님이 있었다. 오늘 저녁은 각자 하기로 하였다면서 우리 셋이 저녁을 먹자고 한다. Y 여사와 N 선생님은 같이 이미 저녁을 먹고 맥주 한잔씩 하는 것 같다고 한다. 나는 돼지 포크립을 시켜서 일행들과 맥주도 곁들여 먹었다. 조금 지나서 Y 여사와 N 선생님도 합류하여 9시 30분까지 자리를 함께하다 숙소로 돌아왔다. 숙소에 들어와서는 7월 6일 발제할 평화 포럼의 원고를 살펴보고 프로필을 송고한 다음, 잠에 들었다.

비야프랑카 델 비에르소에는 유명한 공공 수영장도 있다고 하는데, 가 보지 못하였다.

6. 비야프랑카 델 비에르소에서 라구나 데 카스티야까지
(도보 순례 26일차: 2024.6.20. (목), 총 31일차)

아이구 어머니!

오늘은 오랜만에 난이도가 4인 루트로 힘든 여정이었다. 실제로 나도 '아이구 어머니' 소리를 많이 내며 간 코스였다. 원래 일정은 갈리시아 지방의 첫 마을인 오 세브레이로(O Cebreiro)까지 가는 길이었으나, 난이도를 고려하여 2.4km 전인 라구나 데 카스티야(Laguna de Castilla)로 조정한 것이다. 날씨의 변덕이 심한 지역이라는 설명도 있다.

6시 40분, 숙소인 Albergue La Yedra에서 출발하였다. 출발 전 얼굴 가리개와 안경을 찾느라고 시간이 약간 지체되었다. 늘 함께했던 J 사장님, Y 여사, O 선생님이 같이 출발하였다. N 선생님은 컨디션이 안 좋아 버스를 타고 간다고 한다. 순례자 형상의 석상에서 사진을 찍고 비야프랑카 델 비에르소를 떠났다. 뻬레헤(Pereje)를 지나 트라바델로(Trabadelo) 근처의 휴게 벤치에서 사과를 먹으며 약도 챙겨 먹었다. 그리고 조금 더 걸어 라 포르텔라 데 발카르세(La Portela de Valcarce)에서 커피와 토르티야 및 빵 등으로 조식을 대신하였다. 조금 더 가 베가 데 발카르세(Vega de Valcarce)의 Bar 안쪽에 일본인 Tomoko 상처럼 보이는 사람이 있는 것 같았는데, 일행을 따라잡느라 확인하지 못하고 그냥 지나쳤다. 후회도 밀려왔지만, 다시 만날 기회가 있으리라 생각하였다.

20km 지점인 라스 에레리아스(Las Herrerias)까지는 메인 도로를 따라 걷는 다소 평탄한 길이었다. 계란을 하나씩 먹고 본격적인 마지막 여정을 시작하였다. 라스 에레리아스는 해발 670m인데, 오 세브레이로는 해발 1,300m라고 한다. 약 8km 정도가 계속 오르막이다.

오르막 시작점의 풍경

이 힘든 여정을 고려하여 5.7km 지점인 라구나 데 까스티아까지로 조정한 것이다. 초반에는 완만한 경사이나 가도 가도 끝이 없는 길에 힘들고 호흡이 가빴다. 초반 피레네산맥을 넘을 때를 제외하고 가장 힘든 코스였다. 어떤 사람이 말을 여러 마리 끌고 위쪽에서 내려오는데, 말을 이용하여 오르막을 오르는 사람들도 있나 보다.

비까지 내려 길도 미끄러웠다. 우비를 입을까 말까 고민하였지만, 입지 않고 드디어 1시 30분경, 숙소인 Albergue La Escuela에 우리 일행이 1착으로 도착하였다. 방을 배정받은 후 샤워와 빨래를 하였다. 화장실에서 빨래를 하고 1층 거치대에 널러 갔는데, 주인 남자가 화장실에서 빨래를 하면 안 된다고 주의를 주었다. 빨래 양이 얼마 안 돼 그냥 했는데, 화장실에 물기가 많이 남아 있었다. 판단을 잘못한 것 같다.

1층 식당에서 점심을 하자고 하여 갔더니 순례길에 꼭 먹어야 한다고 들은 우리나라 시래기 된장국 같은 국을 먼저 먹고, 포크립과 라이스, 서비스로 나온 포도주를 곁들어 늦은 점심을 먹었다. 후식으로 아이스크림도 먹었다. 나머지 일행은 맥주를 더 마시겠다고 하였다.

대한민국의 '시래기 된장국'과 유사한 국

나는 침실로 올라와 일기를 쓰다 1시간 정도 자고 다시 일기를 마무리하였다. 7시가 다 되어 N 선생님이 커피포트와 신라면을 가지러 왔다. 식당 안쪽에서 신라면에 소시지, 누룽지 등을 넣은 요리를 하고 있다고 하였다. 원래 이번 알베르게에서는 음식을 만들어 먹지 못하게 되었는데, 감자칩과 맥주를 시켜 먹는 조건으로 식당에서 신라면을 끓일 물을 제공해 주었다. 맛있게 먹고 맥주도 한잔씩 하였다. O 선생님이 저녁을 같이하지 못해 공통 비용으로 계산하지 않고 6유로씩 부담하였다. J 사장님은 외국인과 한잔 더 하고 자겠다고 했으나 나는 오늘 피곤하여 일찍 잠에 들었다. 모처럼 K 선생님도 모국 교포분들과 저녁을 하며 즐기는 것 같다.

7. 라구나 데 카스티야에서 트리아카스텔라까지
(도보 순례 27일차: 2024.6.21. (금), 총 32일차)

별유천지비인간(別有天地非人間)의 비경

6시 30분, 고도가 1,200m가 넘는 라구나 데 카스티야의 Albergue La Escuela를 떠났다. 전과 다름없이 우리 5인이 함께 출발하였다. K 선생님이 우리보다 약간 일찍 출발하였다. 어제 도착 예정이었던 오 세브레이로까지는 약 2.4km가 되는 오르막 산길이다. 기분이 상쾌하였다. 구름이 산 중턱에 떠 있는 신비한 광경들을 보면서 감탄하였다. 오 세브레이로에 이르기 전에 카스티야이레온주와 갈리시아주의 경계석을 지났다. 이제부터는 우리가 거쳐야 할 마지막 주인 갈리시아주로 들어선 것이다.

오 세브레이로에는 작은 성당인 산타 마리아 라 레알 성당(Iglesia de Santa Maria la Real)이 있다. 이 성당은 기적의 성체 성혈이 일어난 곳으로 유명하다. 전설에 따르면 한 농부가 빗발을 뚫고 미사를 드리러 왔는데 미사를 참석한 신자가 농부 단 한 명뿐이라 신부님이 성의 없이 미사를 봉헌했는데, 성체는 살로, 포도주는 성혈로 변했다고 한다. 그 기적의 성배는 지금도 성당 안에 보관되어 있다고 하는데, 성당이 문을 열지 않은 이른 시간이라 확인하지 못하였다. 성당 밖에는 순례길의 표지인 노란 화살표를 고안한 엘리아스 신

카스티야이레온주와 갈리시아주의 경계석

기적의 성체 성혈이 일어난 산타 마리아 라 레알 성당
(Iglesia de Santa Maria la Real)

부의 흉상이 있다. 엘리아스 신부의 무덤은 성당 안의 제대 왼편에 있다고 한다. 오 세브레이로의 역사는 로마제국보다 더 오래되었다고 한다. 로마 시대 이전부터 주민들의 거주지로 사용되던 전통적인 초가집인 파요사스(Pallozas)가 이 지역에 전해진다. '파요사스'란 이름은 지붕에 얹은 재료인 밀짚에서 유래되었는데, 파요사스는 사람이나 짐승이 살 수 있게 지은 집으로, 돌로 만든 건물 위에 초가를 얹은 형태이다.

전통적인 초가집인 파요사스

산티아고 순례길

성당 앞 Bar에서 커피와 사과 한쪽을 먹고 다시 출발하였다. 오 세브레이로를 지나면서는 약간의 오르막과 내리막을 반복하였다.

운무 속에서 서서히 나타나는 산과 멀리 보이는 마을은 신선이 살 것 같은 아름다운 풍경이었다. 친구인 L 원장이 순례길 안부를 물어 와 이 사진과 문자를 보냈더니 자기가 보아도 환상적이라고 평을 해 주었다. 속세를 떠나 자연 속에서 한가로이 지내는 모습을 잘 묘사하는 시선(詩仙) 이백(李白)의 한시 「산중문답(山中問答)」에 나오는 '별유천지비인간'(천지가 따로 있어 인간세계가 아니로세)이 생각나는 비경이었다.

고도 1,200m에서 본 아름다운 풍경들

오스피탈 다 콘데사(Hospital da Condesa)로 기억되는 곳에서 오렌지주스와 토르티야 등을 시켜서 조식을 먹고 약도 챙겨 먹었다. 오스피탈 다 콘데사는 순례길에서 가장 오래된 순례자 숙소가 있었던 곳으로, 그런 이유로 마을 이름에 '오스피탈'이라는 명칭이 붙었다고 한다. 이 마을에는 1130년부터 존재했다고 하는 산 후안 교구 성당(Iglesia de San Juan de Hospital)이 있다. 이 성당 안에는 검은 돌로 만든 성모상이 있다고 하는데, 내부를 보지는 못하였다. 오스피탈 다 콘데사를 지나 약간의 오르막을 올라가면 작은 마을 파드로넬로(Padornelo)가 있고, 이 마을 입구에도 산 후안 성당(Iglesia de San Juan)이 있다. 후안이 요한을 의미하며, 이 일대가 옛 요한 기사단이 활동 무대였기 때문에 산 후안 성당이 있는 것이라 한다. 파드로넬로를 지나 고도 1,335m의 포이오 고개(Alto do Poio) 정상에 도달하게 된다.

폰프리아(Fonfria)에서 J 사장님은 맥주 한잔을, 다른 분들은 물을 마시고 다시 출발하였다. 출발점에서부터 14.3km 지점이며, 포이오 고개에서 6km 거리에 있는 오 비두에도(O Biduedo)부터 목적지인 트리아카스텔라(Triacastela)까지는 거의 10km 정도 되는 내리막길이다. 오 비두에도 역시 옛 요한 기사단의 활동 영역으로, 이곳에는 산 페드로 성당(Ermida de San Pedro)이 있다. 작은 경당인데, 문이 닫혀 있어 안을 보지는 못하였다.

밖에 세워져 있는 안내문에 따르면, 이 경당은 성 요한 기사단 혹은 몰타 기사단에 소속되었던 곳으로, 건축 재료로는 인근에서 쉽게 구할 수 있는 석회석을 사용했으며, 제단 형식은 오 세이브

트리아 카스텔라의 숙소 가기 전 라밀의 갈림길에 서 있는 오래된 밤나무

로와 산살바도르의 성당과 같은 양식을 따랐다고 한다.

곳곳에 아름다운 풍경도 있지만, 대체로 지루한 내리막길이다. 인근에는 축산 농가가 많아서 길에 소똥이 즐비하고, 냄새도 고약하였다. 트리아 카스텔라의 숙소에 도착하기 전 600m를 남겨 놓고 큰 나무가 서 있는 곳에서 도로 쪽으로 안내하여 곧장 갔더니 숙소가 나왔다. 숙소에 도착하니 먼저 버스로 온 인솔자 선생님이 1번으로 도착했다고 하였다. J 사장님과 Y 여사가 나보다 한참 먼저 앞에 갔는데 이상하였다. 전화를 해 보니 내 앞에 간 두 분은 숙소에서 350m 떨어진 Bar에서 나를 기다렸다고 한다. 내가 도로 쪽으로 오다 보니 Bar를 못 본 것이다.

샤워 후 빨래를 하고 일기를 썼다. 오늘은 식당에서 조리할 수 있다고 한다. 4시에 슈퍼가 문을 열어 그 후에 삼겹살을 먹기로 하였다. 4시 이후 슈퍼가 문을 열자, 고기와 계란, 감자, 된장국을 조리해서 5인이 맛있게 먹었다. 그러나 염장한 고기는 너무 짰다. 4시 30분에 도착한 C 여사 팀이 라면과 계란을 먹으려고 했으나, 작은 주방을 우리가 먼저 사용하고 있어 약간의 서먹함이 찾아들었다. C 여사가 계란 삶을 물을 올려놓고 그냥 나가자 N 선생님이 대신 계란을 삶아 주었다. 늦은 점심을 먹고 일기를 마저 정리하고 낮잠을 잤다.

7시가 다 된 시간에 낮잠 자고 있는 나를 깨우더니 저녁을 먹자고 하였다. 저녁은 Y 여사가 짠 고기를 삶아 소금기를 조금 빼고, 스파게티 면을 넣은 요리를 해 주셨다. 나름 별미였다. 점심을 늦게 먹은 이유도 있고, O 선생님은 배부르다고 먹지 않아 음식이 많이 남았다. 아깝지만 일부 음식은 버렸다. 다음부터는 다른 팀들의 눈치가 보여 함께 음식을 해 먹는 것을 좀 자제하자고 하였다.

저녁을 먹고 포도주 한잔씩 하기로 하고 옆에 Bar에 갔다. 포도주 한 병을 주문했더니 수도꼭지 같은 데서 병에 담아 주는데, 하우스 와인인 것 같다. 값은 저렴하지만, 물 탄 듯한 느낌이 들고 맛이 없었다. J 사장님이 가더니 하우스 와인이 아닌, 14유로짜리 포도주 한 병을 가져왔다. 마셔 보니 내가 산 것과 달리 맛이 있었다. 내가 한 병, Y 여사가 한 병을 더 사 10시 30분까지 종반에 다다른 순례길 이야기를 하면서 재미있게 이야기를 나누다 들어와 잠자리에 들었다.

8. 트리아 카스텔라에서 사리아까지
(도보 순례 28일차: 2024.6.22. (토), 총 33일차)

방심한 순간 넘어짐의 교훈

오늘은 트리아 카스텔라에서 사리아(Sarria)로 이동하는 여정이다. 출발 후 산실(San xil) 길과 왼쪽 사모스(Samos) 길로 나누어지는데, San Xil 길은 19km로 짧지만 900m의 언덕을 올라가는 다소 힘든 코스이다. Samos 길은 25km 정도의 길이지만 평탄한 길이며, 사모스에서는 유명한 수도원을 볼 수 있다고 안내되어 있

사모스와 산실 두 코스로 갈라지는 표지석

다. 우리 팀은 수도원을 볼 수 있는 사모스 길을 선택하였다. 이정표에서 사모스 길을 택하면 거리가 138.514km가 남는다고 표시되어 있다. 그리고 마을에 공식 순례길 표지석은 아니지만, 130km가 표시된 표지석이 십자가 옆에 세워져 있다.

초반의 순례길은 도로(LU-633)를 따라가는 길이다. 도로 옆길을 따라 걷다 약간의 경사가 있는 곳에서 내가 방심하여 넘어졌다. 무릎이 까지고 피가 났지만, 골절이 안 된 것을 그나마 다행으로 생각하였다. 넘어졌을 때 J 사장님이 약을 발라 주었으며, 간호사 출신인 N 선생님이 가지고 있던 반창고로 지혈을 해 주었다. 그 동안 메고 있던 가방이 줄이 끊어져 임시방편으로 동여매고 다녔는데, 넘어지면서 위태위태하던 끈이 다시 끊어졌다. J 사장님이 손을 다쳐 가며 비어를 이용하여 단단하게 수리해 주었다. 손이 많이 가는 나는 늘 함께 걷는 우리 팀으로부터 큰 도움을 받았다. 무릎 상처는 의외로 잘 낫지 않아 산티아고 순례길을 마치고 귀국하여 7월 말까지 병원을 다니고 나서야 겨우 나았다. 100km 정도 남겨 둔 시점에서 방심이 불러온 결과이다. 지금까지 발도 안 부르트고 잘 왔다고 자랑하던 뒤의 사고였다. 항상 긴장을 늦추지 말고 겸손해야 한다는 점을 새삼 느끼게 해 주었다.

　사모스 쪽 길은 통과하는 마을마다 폐가가 많고 길도 음산한 기분이 드는 산길이었다. 마을에 있는 Bar도 문을 닫아 음식을 먹을 수 있는 곳이 없었다. 13km 이상을 오는 동안 문을 연 Bar를 보지 못했다. 길은 시골길이며, 계곡에는 물이 제법 흐르는 오리비오강의 울창한 숲길이 있지만, 혼자 걷기에 다소 무서움이 느껴진다는 것이 우리 팀의 중론이었다.

　유명한 수도원이 있는 사모스에 도착하여 Bar에서 비로소 조반을 먹을 수 있었다. 이러한 산골에 웅장한 수도원이 지어졌다는 것이 놀랍다. 사모스의 이 수도원은 제법 큰 규모의 수도원인데, 비어 있는 곳처럼 보인다. 산 훌리안과 산타 바실리사 왕립 수도원(Real Abadia de los San Julian y Santa Basilisa)이라고 한다. 베네딕트 수도원이라고도 한다. 다른 한쪽에서는 알베르게로 이용되기도 하는 것 같다. 수도원의 내부를 보고 싶었으나 관람할 수 없었다. 사진 몇 컷을 외부에서 찍고 커피와 빵 등으로 조식을 해결했다.

사모스 수도원 전경

K 선생님도 천천히 오시는 분이신데, 사모스의 Bar 앞에서 만났다. 사모스부터 도로를 따라가는 다소 지루한 길이 반복되었지만, 풍경은 나쁘지 않았다. J 사장님과 Y 여사와 함께 오랜만에 맥주 내기 끝말잇기 게임을 하면서 걸었다. 사모스를 출발하고도 적당한 Bar도 없이 약간의 내리막이 동반된 귀한 여정이었지만, 힘들었다.

사리아에 2km 정도를 남겨 둔 지점에서 내가 맥주 한잔씩 사고, 그 후로도 계속 걸었다.

사모스 마을의 순례자상

사리아에 거의 다 온 지점에서 라면이 있다는 간판을 보고 라면을 사러 슈퍼에 들어갔다. 일행과 라면을 사고 나오는데 그동안 만나고 싶었던 Tomoko 상이 걸어오고 있는 것을 보았다. 반갑게

포옹하며 재회하였다. 많이 야윈 것 같다. 한 4kg이 빠졌다고 한
다. 오늘 숙소는 사리아 다음 마을에서 묵게 되며, 28일에 산티아
고 데 콤포스텔라에 도착한다고 한다. 우리는 최종 목적지인 산
티아고 데 콤포스텔라에 27일 도착 예정이다. 약간의 엇갈림이
있는 일정이다. 더구나 Tomoko 상은 완주 후 땅끝마을인 피스테
라와 묵시아까지도 걸어서 간다고 한다. 다시 만날 확률이 적다.
아쉬워하며 같이 사진을 찍고, 남은 일정 건강하고 의미 있게 보
내고 다음에 기회에 있을 때 다시 만날 것을 서로 기약하며 헤어
졌다. 우리 숙소를 찾고 있는데, 다시 한번 Tomoko 상을 만났다.
우리 알베르게에 여석이 있으면 여기에 묵는 것도 생각하라고 했
더니 다음 마을에 가야 한다고 한다.

숙소에 도착하여 샤워와 빨래를
한 다음, J 사장님이 오늘 넘어져 생
긴 상처를 소독해 주고 마데카솔을
발라 주었다. 누룽지에 계란, 소시
지, 고기를 넣어 끓인 라면을 요리사
인 Y 여사가 만들어 주었다. 감사하
는 마음으로 맛있게 먹었다. 그리고
밖의 벤치에 앉아 일기를 쓰고 들어
와 낮잠을 잤다. 7시부터 미사가 있
다고 하여 Y 여사와 같이 다녀왔다.
확실히 사리아부터는 순례객들이
많아진 것 같다. 성당미사에도 순례

사리아 입구에서 다시 만난
Tomoko 상

산티아고 순례길

객들이 많이 보였다. 미사를 마치고 나오는데, N 선생님과 O 선생님이 수박과 과일을 사 가지고 오고 있었다. 배도 부른데 수박과 과일로 저녁을 대신하기로 하였다. K 선생님과 인솔자 선생님은 빠에야와 고기를 요리하여 옆에서 드셨다. 나는 넘어진 곳이 지혈이 잘 안 되어 조심해야 했고, 이제 얼마 안 남았으니까 포도주를 마시는 것도 자제하자고 하였다.

J 사장님은 잠을 자기에는 너무 이른 시간이라 좀 더 돌아보고 가능하면 맥주도 한잔하고 오겠다고 한다. 이제 도보 순례 완주까지 6일이 남았다.

9. 사리아에서 포르토마린까지
(도보 순례 29일차: 2024.6.23. (일), 총 34일차)

드디어 목적지까지 100㎞ 이내에 들어서다

오늘 드디어 남은 거리가 100km 이내로 들어오게 된다. 사리아에서부터 순례객이 많아진다는 말을 실감하였다. 사리아부터 출발하는 경우에도 증명서를 발급해 준다고 하는 것이 그 원인이라고 한다. 특히 스페인 사람이 학교, 가족 단위로 많이 오는 것 같다. 6시 30분, 사리아의 숙소 Albergue los Blasones에서 출발하였다. 잠시 숙소 앞에서 일행을 기다리는데, 수십 명의 순례객이 지나가는 것을 목격하였다. 출발하기 전 어제 다친 다리의 치료를 J 사장님을 비롯한 전 팀원이 도와주었다. 늘 함께 걷고 식사도 공동으로 같이해 온 우리 팀 5인은 내게 있어서는 너무나 고마운 분들이었다.

사리아 기념 조형물 앞에서 단체 사진과 개인 사진을 찍고 출발하였다.

사리아를 떠나기 전 기념 조형물 앞에서

출발할 때에는 산티아고 데 콤포스텔라까지 114km 남았다는 표지석을 보았다. 갈리시아 지방답게 산길을 많이 이용하게 되는데, 경사가 그리 심하지 않은 오르막과 내리막을 반복해서 걸었다. 숙소 출발 후 Omosterio에서 사과 등을 먹고 출발하였다. Morgade에서 커피와 토르티야 등으로 조식을 먹고 출발하였다. 드디어 100km를 남겨 둔 시점에 도달하였다. 방금 전 100.252 km 표지석을 보았는데 252m를 지나니 바로 100km 표지석이 있었다. 100km 남겨 둔 것은 의미가 있다고 여러 외국인도 사진을 찍고 있었다. 우리도 사진을 찍고 J 사장님, Y 여사와 함께 계속 같이 걸었다.

100km가 남았음을 알리는 표지석

나무로 만든 오레오

순례길에서는 스페인에서도 갈리시아에만 있다는 오레오(Hó rreo)를 볼 수 있다. 오레오는 옥수수 등을 저장하는 곡식 창고로, 그 집안의 힘을 상징한다고 한다. 지상에서 몇 미터 떨어져 지어진 것은 설치류의 접근을 막기 위한 것이라고 한다.

오레오는 나무로 만든 것과 벽돌로 만든 것이 있는데, 높이가 34m나 되는 것도 있다고 한다.

학생과 부모, 단체 등도 순례길에 동행해서인지 급격히 순례길에 사람이 많아졌다. 무엇이 그리 즐거운지 재잘재잘 이야기하며 걸음걸이도 경쾌하다. 딱 보면 700km를 걸어온 순례객인지 사리아에서 출발한 순례객인지를 알 수 있다.

어느 마을에서는 개가 식당 앞에 죽은 듯 누워 있다. 차가 지나가면 기가 막히게 일어나 피하고, 사람들이 쓰다듬어 주면 반응하는 등 참으로 평화로운 광경이었다. 누군가 "영업 방해 하는 개 XX 아니냐"고 농담을 하여 함께 웃었다. '실은 영업에 도움을 주는 것은 아닌가?'라고 생각하였다. 순례길에서 많은 개들을 보았지만, 목줄을 채운 개는 거의 보지 못했다. 물론 공장이나 집안에서 사납게 짓는 개도 보았지만, 대체로 개들이 자유롭게 돌아다니도록 두는 분위기이다. 그러나 간혹 송아지만 한 개가 앞에서 오면 겁이 난 적도 여러 번 있다.

Mirallos의 가게 앞에서 편안하게 누워 있는 견공

숙소에서 3.9km 남겨 둔 지점의 Bar에서 잠시 쉬었다가 계속 내리막을 걸어 포르토마린의 미뉴강에 도달하였다. 프로토마린이 얼마 남지 않은 곳에서 갈림길이 나오나 거리는 비슷하다. 우리는 오른쪽 길로 갔다. 미뉴강에 도달하기까지 돌로 된 내리막 길은 제법 경사도 있어 조심해서 걸었다.

강에는 제법 높고 긴 다리가 놓여 있었다. 이 다리 이름을 '벨라 다리'라고 한다. 물의 도시란 이름에 걸맞게 수량도 많아 보였다. 다리 옆의 난간이 낮아 약간 무서움을 느끼며 다리를 건넜다. 강을 건너니 포르토마린을 홍보하는 조형물이 있고, 그 뒤의 계단을 올라가면 언덕 위에 마을이 있고, 그 마을에 우리가 묵을 숙소가 있다.

미뉴강의 벨라 다리　　　　　　강변에 있는 자유의 종

　　　　　　　　　　　　　　　　산티아고 순례길

숙소까지 가는 길도 조금 힘들었다. 포르토마린은 원래 중세 시대부터 존재하던 마을이었지만, 1963년에 벨레사르 저수지 건설로 인해 현재의 위치로 이전되었다고 한다. 당시 역사적으로 중요한 건축물들도 함께 이전되었다고 한다.

드디어 숙소인 Abergue Novo Porto에 도착하였다. 사진을 찍지 못하여 나중에 다른 사람들에게 도움을 받았다. 강가에는 자유의 종이 있는데, 여기서 종을 치면 다른 곳에 있는 종도 쳐야 한다고 한다.

샤워를 하고 손빨래를 하였는데, 빨래 너는 데가 좁았지만 일찍 한 탓에 다 걸을 수 있었다. 잠시 침대에 누워 있었다. 원래는 음식을 주방에서 해 먹을 생각이었지만 주방이 입구에 있었고, 사람들 눈도 있어 바로 옆에 있는 Bar에서 사 먹기로 하였다. 다섯이 비프스테이크를 시키고 이곳의 명물인 문어 요리인 뽈보와 오징어도 하나씩 시켰다. 평판이 좋은 집인지 사람들이 꽉 차 자리 잡는 데에도 오래 걸렸다. 로버트 드니로처럼 생긴 종업원이 친절하게 대해 주어 배우를 닮았다고 농담하며 서비스 하나라도 더 주길 기대하였다. 맥주와 포도주도 가격이 합리적이고, 강을 내려다보이는 풍경을 보면서 알딸딸해질 정도로 마셨다.

포르토마린의 숙소에서 내려다본 미뉴강과 다리

Y 여사가 내 옷에서 쉰내가 난다고 하였다. 세탁하고 마르기 전에 가방에 넣었다가 입어서 그런 것 같다. 자리를 파하고, 잠시 낮잠을 자고, 8시 넘어 일어나 냄새 나는 윗도리를 빨았는데, 누런 물이 많이 나왔다. 이틀 전에 빨아 도로가에다 널었는데 그때 먼지가 많이 묻은 것인지, 자세한 것은 알 수가 없었다. 옷을 갈아입고 식당에 앉아 일기를 썼다. 낮에 동그라미 모임의 회원분들 중 안부를 묻는 분들이 있어 100km 지점을 통과하였다고 사진과 함께 답을 했더니, 대단하다며 격려의 문자 메시지를 보내 주었다. 우리 가족에게도 100km 남은 지점을 통과했다는 연락을 보냈다. 집사람이 축하를 해 주면서 끝까지 건강하게 완주하고 오라고 격려를 해 주었다. 나도 모두 건강하게 열심히 해 줄 것을 기원하였다.

10. 포르토마린에서 팔라스 데 레이까지
(도보 순례 30일차: 2024.6.24. (월), 총 35일차)

'왕의 궁전' 마을에서의 추억

6시 30분, 포르토마린의 숙소인 novo Port Albergue에서 출발하였다. 어젯밤에는 무슨 축제를 하는지 1시 30분까지 마이크 소리가 나는 등 소음이 심해 순례객들이 숙면을 취하기 어려웠을 것이다. 초반에는 지방도로 옆 흙길을 걷게 되고, 작은 촌락들을 지나는 일정이며, 이후 전체적으로 평이하지만, 리곤데(Ligonde) 산맥과 오 로사리오 고개를 오르는 다소 힘든 구간이 있다고 안내되어 있다. 길을 따라 숲길, 도로 길, 마을 길, 흙길, 자갈길 등 다양한 길을 걷게 된다.

출발해서는 미뉴강변을 걷게 된다. 밤나무와 유칼립투스 나무가 만들어 주는 시원한 그늘 길을 지나면 밀밭 사이에 있는 오솔길이 나타난다. 오르막을 오르다 출발 후 8km 지점인 곤자르(Gonzar)의 Bar에서 사과와 바나나를 오렌지주스와 함께 먹었다. 여기서 일찍 출발한 K 선생님도 만났다. N 선생님과 O 선생님도 곧 뒤따라왔다.

곤사르부터는 아스팔트로 포장된 길을 따라 걷게 된다. J 사장님과 Y 여사와 함께 셋이 다시 출발하여 카스트로 마요르(Castromayer)에서 커피와 토르티야 등을 먹고 약도 복용하였다. 그 후 오르막과 내리막이 연속적으로 반복되었다. LU-633 도로를 두 번 가로질러 오스피탈 데 라 크루스(Hospital de la Cruz) 마을까지 가는 데에도 조금 경사가 있는 오르막을 걸어가야 했다. 오스피탈 데 라 크루스는 카미노 데 산티아고에 역사적으로 중요한 의미를 지닌 작은 지역으로, 12세기 예루살렘의 성 요한 기사단이 설립한 중세 순례자병원에서 유래했다고 한다. 성 요한 기사단은 여행자와 병자를 돕기 위해 헌신한 것으로 유명하다. 오늘날 원래 병원은 더 이상 존재하지 않지만, 16세기의 아름다운 제단 뒤에 성 야고보에게 헌정된 교회도 있다고 한다.[20]

---

20 출처: https://caminoapp.org/localities/hospital-de-la-cruz/

이어 목축 마을인 벤따스 데 나론(ventas de Naron)에 도착하여 맥주와 물을 사 먹으면서 잠시 휴식을 취하였다.

이제부터 가장 힘든 코스로 알려진 리곤데(Ligonde) 산맥을 넘어야 한다. 해발 756m의 리곤데 언덕의 정상에 오르기 위해서는 경사가 급한 오르막길을 3km 정도 걸어야 한다. 무척 힘이 들었으며, 땀이 많이 났다. 그 후 오르막과 내리막이 연속적으로 반복되었다.

아이레세(Airexe)를 지나 도로를 건너 내리막을 내려가면 포르토스(Portos)가 나오고, 여기에서 약 500m 정도 더 걷다 보면 공동묘지의 둥근 지붕이 있는 레스테도(Lestedo)가 나온다. 여기서 오스 발로스(Os Valos)까지는 평탄한 길이다. 도로와 나란히 이어지는 거리를 걷다가 로사리오 언덕을 오르면 팔라스 데 레이(Palas de Rei)가 발밑에 보인다. 쉬지 않고 8km를 걸어서 1시 30분경, 숙소에 도착하였다. 갈리시아지방에 들어와서는 남은 거리를 나타내는 표지석이 1km 내에도 여러 개가 설치된 곳이 많다. 그리고 축산 농가도 많아 악취도 많이 났다.

오늘 드디어 60km 후반대에 진입하였다. 산티아고 순례길의 종반이지만, 힘들기는 매한가지이다. 특히 몇 km를 남기지 않았다는 것을 알고 나니 더 힘든 것 같다. 끝까지 긴장을 늦추지 말아야 한다. 이틀 전 넘어진 곳의 상처가 잘 아물지 않아 걱정이다. 숙소인 Zendoira·Palas de Rei에 도착하기 전 Y 여사가 대표로 시장을 보았다. 숙소에 도착하여 샤워와 손빨래를 하였다. 매번 느끼는 것이지만, 숙소에 일찍 도착하면 좀 여유를 가지고 샤워와 세탁을 할 수 있는 장점이 있다. 오늘의 침대는 칸막이 커튼이 쳐져 있어 그나마 나은 알베르게였다.

한 시간 정도 누워 있다가 식사 준비가 다 되었다는 소식에 주방에 내려갔다. 요리사인 Y 여사가 함박스테이크를 만들고 라면에 누룽지와 소시지를 넣은 기가 막힌 식사를 준비해 주셨다. 같은 주방에 있던 일단의 외국인들이 Y 여사가 요리하는 것을 보고 마법을 보는 것 같다고 칭찬이 자자하였다. 감사하는 마음으로 많이 먹었다. 설거지는 내가 하였다. 설거지를 하고 식당 Bar에서 일기를 썼다. 오늘 한국에서는 재직 고등학교 동문회가 있다고, Y 교수가 근황을 물어 왔다. 60km 남았다고 사진 몇 장을 보내 주었더니 살이 많이 빠졌다며 건강에 유의하여 완주하라고 격려를 보내 주었다. 사진은 동문들이 돌려보겠다고 한다.

J 사장님과 맥주 한잔씩 하고 나는 침실로 올라와 눈을 붙였다. 기상하니 7시였다. 미사가 당장 7시인데, 미사에 가는 데에만 10분이 소요되어 이미 늦었지만, 그래도 가기로 하였다. Y 여사도 동행하였다. 성당까지 가는 길은 태양이 강렬하였다. 성당에 도착하니 순례객이 입추의 여지 없이 가득 차 자리도 잡기 어려울 정도였다. 겨우 자리를 잡아 미사를 보았다. 사람이 많아서 그런지 땀이 많이 났다. 팔라스 데 레이는 '왕의 궁전'이라는 의미를 가진 마을이다. 팔라스 데 레이의 산토리소 성당(Igrexa de San Tirso de Palas de Rei)은 로마네스크 양식의 교회로, 매일 오후 7시에 순례자들을 위한 미사가 열린다. 영성체까지 모시고 스탬프를 찍은 다음 숙소로 돌아왔다.

산 토리소 성당

숙소에서 감자를 삶았다고 하여 5인이 맥주와 같이 저녁으로 먹었다. 교회에서 돌아오는 길에 순례길 모자 1개, 기념품 4개(손 밴드)를 사고, 동전 지갑 5개를 사서 그동안 순례길을 함께해 온 팀원에게 하나씩 선물하였다.

11. 팔라스 데 레이에서 아르수아까지

(도보 순례 31일차: 2024.6.25. (화), 총 36일차)

마지막으로 가장 힘들었던 코스

팔라스 데 레이의 숙소에는 칸막이가 있어 아침에 짐을 정리하기가 한결 수월하였다. 불을 켤 수 있기 때문이다. 6시 30분에 J 사장님, Y 여사, K 선생님과 함께 출발하였다. 오늘은 아르수아 (Arzúa)까지 29km 거리의 긴 여정이다. 초기의 순례길을 제외하고 가장 긴 순례길이다. 내일모레면 도보 순례 일정이 끝나는데, 가장 어려운 길이란 생각이 든다. 대부분 얕은 계곡들이 이어지는 숲길 구간을 걷는 일정으로 알려져 있다. Albergue Zendoira에서 출발하여 한동안 내리막을 걷게 되었다. 갈리시아 지방의 특성상 길은 완만하지만, 그래도 오르막과 내리막을 반복하였다. 출발 후 3.6km 지점에 있는 산 훌리안 두 카미노(San Xulian do Camino)의 Bar에서 커피와 사과, 복숭아 등으로 조식을 대신하고 다시 출발하였다. 이후 지루한 오르막 내리막을 반복하면서 멜리데(Melide)까지 10km 이상을 계속 걸었다. 마지막에는 기침도 나고, 완전히 기진맥진한 상태가 되었다. 순례길의 목적지인 산티아고 데 콤포스텔라가 가까워지면서는 사진을 거의 찍지 않고 묵묵히 걷기만 하였다.

원래 Melide 지방은 문어 요리인 뽈보가 유명하며, 순례의 상징인 가리비 요리도 유명해 그러한 요리로 유명한 식당도 소개되어 있다. N 선생님과 O 선생님은 버스를 타고 Melide로 왔는데, 우연히 마주쳐 합류하였다. 여기서 뽈보 요리를 먹을까 생각하였는데, 아르수아의 숙소에 도착하여 점심 겸 저녁으로 여유 있게 먹기로 하고 오렌지주스와 빵 등을 먹고 계속 걸었다. 여기서부터 계속 오르막과 내리막을 반복하다 8km 정도를 남긴 지점에서 동행한 J 사장님과 나는 맥주 한잔을 마시고, Y 여사는 초콜릿을 먹었다. 이후 나머지 거리는 논스톱으로 가기로 하였다. 목적지인 아르수아까지 8km를 쉬지 않고 걸었고, 마지막 2km를 남기고 지도상 혼선이 있어 더욱 힘들었다. 마지막까지 힘든 하루였다.

아르수아의 유명한 벽화 앞에서

다른 사람들이 내가 유독 힘들어 보인다고 했다. 2시가 조금 넘어서야 숙소인 Deselmo Albergue에 도착하였다. 인솔자가 빨리 도착한 편이라고 한다. 이후 방 배정을 받고 샤워와 빨래를 했는데, 이때에도 무척 힘들었다. 계획상 최종 목적지인 산티아고 대성당까지는 2일이면 도착한다. 끝까지 긴장을 늦추지 말고 최선을 다해야 한다고 마음먹었다.

세탁 후 잠시 눈을 붙였다가 5시가 다 되어 점심 겸 저녁을 먹으러 시내로 갔다. 원래 가려고 했던 식당은 6시에 오픈한다고 하여 가까운 근처 식당에서 식사를 하였다. 먹고자 했던 뽈보와 가리비를 주문하고 햄버거와 치킨을 곁들인 요리를 주문하여 같이 공유하면서 먹었다. 맥주와 포도주도 주문하여 마시면서 순례길 2일을 남기고 각자의 감흥을 이야기하면서 즐거운 시간을 가졌다. 내가 상처가 난 무릎을 올리고 있었더니, 옆에서 식사를 하던 미국인 부부가 걱정을 해 주었다. 무릎 상처에 물을 묻히지 말아야 하는데, 매일 샤워하고 20km 이상을 걷다 보니 잘 낫지를 않는다. 스페인의 이름 있는 요리이며, 순례자에게도 의미가 있는 요리를 맛있게 먹었다.

숙소 근처의 Bar에서 칩을 안주 삼아 포도주를 한 잔씩 더 하고 숙소로 돌아왔는데, 이 식당에는 고기를 굽는 시설이 일품이었다. 여기서도 한국인 여성 2명을 만났는데, 순례 일정이 다 끝나간다는 기쁨에 대해 이야기하며 기분을 내고 있었다.

산티아고 순례길

12. 아르수아에서 오 페드로소까지

(도보 순례 32일차: 2024.6.26. (수), 총 37일차)

Bar에서 지난 길을 회고하다

오늘은 최종 도보 순례의 목적지인 산티아고 데 콤포스텔라까지 단 하루만을 남겨 둔 여정이다. 아르수아에서 오 페드루소(O Pedrouzo)까지의 거리인 19.2km는 최근의 순례길 중에 가장 짧은 거리이다. 6시 30분, 숙소인 deselmo Albergue에서 예전과 다름없이 J 사장님과 Y 여사와 함께 출발하였다. K 선생님은 20분 먼저 출발하였다. 대체로 평탄한 길이지만, 오르막과 내리막이 연속되는 길이다. 목적지가 다가오는 데에서 오는 기쁨도 크지만, 여러 가지 감회가 떠올랐다.

4km 지점인 As Quintas에서 커피와 토르티야 등으로 조식을 먹었다. K 선생님도 금세 따라오셔서 커피와 빵 등으로 식사를 하셨다. 한국에서 온 부부와 함께 떠날 때 산티아고 데 콤포스텔라까지 37km가 남아 있었는데, 36km, 35km, 34km……. 거리가 주는 기록을 기억하며 즐거운 마음으로 걸었다. 8km 정도 걸은 다음, 착즙 오렌지주스를 한잔씩 마시고 다시 걸었다. 오늘 묵을 숙소까지 10km 남긴 지점부터는 J 사장님과 Y 여사와 함께 끝말 잇기 게임을 하면서 걸었다. J 사장님, Y 여사, 나 순으로 했다. 숙소까지 6km 남겨 둔 지점에 있는 Bar Nova에서 J 사장님과 맥주 한잔씩을 하였다. 인상적인 것은 Bar 유리창에 프랑스 생장 피에드 포르에서부터 지금까지 온 순례길의 주요 도시가 표시되어 있

최종 목적지까지 20㎞를 남겨 둔 지점의 표지석

는 것이다. 저렇게 많은 도시를 거쳤나 하는 생각이 들며, 하나하나의 마을까지 고려하면 이루 셀 수 없을 것이라고 생각하면서 감회에 젓기도 하였다.

12시 조금 넘어 오 페드루소에서 묵을 Albergue Cruceiro에 가장 먼저 도착하였다. 조금 뒤에 인솔자 선생님이 도착하여 방 배정을 받고 샤워를 한 다음, 손빨래를 하였다. Y 여사가 시장을 보아서 스파게티와 삼겹살을 준비해 주셨다. 참 대단한 분이다. 거의 3인분을 먹은 셈이다. 내가 맥주 3캔과 포도주 1병을 사서 같이 마셨다. N 선생님과 O 선생님은 마을에 들어오면서 배가 고파 햄버거집에 들러 식사 중이라고 하였다. 그들을 생각하여 스파게티와 삼겹살을 남겨 두었다. 잠시 눈을 붙였다 일어나 일기를 썼다. Y 여사와 함께 7시 미사에 갔다. 순례객들이 성당을 가득 채웠다. 영성체까지 모시고 왔다. 성당 밖에서는 단체팀에 대한 미사 행사 등이 진행되고 있었다. 숙소에 돌아와 8시 30분까지 J 사장님, Y 여사와 대화를 하다가, 내일 마지막 일정을 위하여 일찍 자기로 하고 침실로 들어왔다. 뒤척이다 10시 넘어 잠이 들었다.

순례길 주요 도시를 유리창에 표시한 Bar LINO

성당 내부 순례자의 상징인 가리비를 배경으로 한 제대

오 페드로소의 산타 에우랄리아 성당(**Igrexa de Santa Eulalia de Arca**)

13. 오 페드로소에서 산티아고 데 콤포스텔라까지
(도보 순례 33일차: 2024.6.27. (목), 총 38일차)

아! 산티아고 대성당

　프랑스의 생장 피에드 포르에서 출발한 산티아고 순례길(프랑스길)은 드디어 오늘로써 대장정의 마침표를 찍게 된다. 도보 순례 일정의 최종 목적지인 산티아고 데 콤포스텔라(Santiago de Compostela)에 입성하는 날이다. 약 18km 거리의 여정이다. 12시부터 산티아고 대성당 미사가 있어서 6시에 함께 출발하기로 하였다. 5시 전에 기상하여 준비하고 밖에 나오니 5시 40분이었다. 6시에 일행 11명이 마지막 숙소인 Albergue Cruceiro 앞에서 기념사진을 찍고 출발하였다.

　순례 일정 중 가장 이른 시간에 출발하는 것이다. 주위가 깜깜하였다. 인솔자 선생님이 일정 지점까지 같이 동행하였다. 완만한 오르막길과 내리막길이 연속적으로 이어졌다. 숙소 출발 후 오 아메날(O Amenal) 마을부터 산티아고 공항에 이르는 구간의 유칼립투스 숲길은 매우 쾌적한 유명한 길이다. 우리가 통과할 때는 아직도 깜깜한 어둠이어서 그 풍광을 볼 수 없어 유감이었다. 어둠이 있는 울창한 숲길을 혼자 가기에는 두려움이 있는 길이다. 내가 가져간 랜턴을 켜고 걸었다. 랜턴을 처음으로 요긴하게 사용하였다.

본격적인 숲길 앞에서

한국인 연인이 운영한 무료 미니 바

숲에서 나오자 산티아고 데 콤포스텔라 공항이 보이고, 그 옆길로 가면 도착하는 곳이 산 파이오(San Paio) 마을이다. 8km 정도 걸어 Bar에서 커피와 빵으로 식사를 하고, 물을 5개 사서 일행에게 하나씩 돌렸다. 가는 도중 포르트마린 알베르게에서 만난 연인 사이인 한국인 남녀가 순례길에서 오늘만 운영하는 무료 미니 바를 운영하고 있었다. 의미 있는 기부를 하고 있는 미니 바에 들러 샌드위치 하나를 먹고 에너지를 충전하였다.

산티아고 데 콤포스텔라를 향하여 계속 걸어 라바코야(Lavacolla) 마을에 들어섰다. 이제 10km를 남겨 두고 있다. 이 마을에는 수제 햄버거로 유명한 집이 있다고 하는데, 들르지는 못하였다. 최종 목적지

산티아고 순례길

까지 5km 남았다는 표지석을 지나면 산 마르코스(San Markos) 마을이 나타난다. 여기서도 멀리 산티아고 데 콤포스텔라 시내가 보인다. 바로 이어서 몬테 도 고소(Monte do Gozo)가 나타나는데, 이곳은 산티아고 데 콤포스텔라의 직전 마을이어서 숙박 시설이 많다. 이 마을을 내려오면 바로 산티아고 데 콤포스텔라로 이어지는 도로가 나타난다.

최종 목적지까지 5km
남은 지점의 표지석

산 마르코스 마을에서 멀리 보이는 산티아고 데 콤포스텔라

시내에 도착하기 직전 Bar에서 착즙 오렌지주스를 사서 마셨는데, 다른 곳보다 2유로 정도가 저렴하였다. 순례자를 대우해 주는 것 같다. 곳곳에서 산티아고 데 콤포스텔라와 인근의 여행을 소개하는 쪽지와 광고판을 많이 볼 수 있다. 드디어 산티아고 시내에 들어왔다. 여기서 동영상을 켜고 J 사장님과 Y 여사의 소감을 물었다. 모두 의미 있고 뜻깊은 순례길이었다고 하면서, 앞으로 남은 인생에 대한 좌표로 삼고 살겠다는 포부도 이야기하였다. 산티아고 시내에 들어와서도 한참을 걸었다. 우리가 지났던 마을보다 비교적 많은 사람들이 보였다. 드디어 최종 목적지인 산티아고 데 콤포스텔라의 산티아고 대성당에 도착하였다. 많은 순례객과 관광객들로 광장이 가득 찼다. 완주했다는 자랑스러움과 함께 감격이 밀려왔다. 맨 먼저 도착한 J 사장님과 여러 컷의 사진을 찍으며 기쁨과 감동의 순간을 같이하였다. 그리고 한참을 누

산티아고 대성당 도착 직후

산티아고 순례길

위 있었다. 꽃을 사서 오
느라 약간 늦게 도착한
Y 여사와도 합류하여 감
동을 같이 나누었다.

대성당 미사 전 초를 봉헌하며

11시경, 인솔자 선생
님이 와서 순례자 여권
을 주고, 11시 15분에 12
시 미사가 열릴 대성당
에 미리 입장하였다. 성당 안은 순례객으로 가득 찼다. 12시부터
미사가 시작되었다. 피로가 밀려오는 상황에서 기도를 열심히 올
렸다. 1시간가량의 미사가 끝나고, 성당 안에 있는 성 야곱의 무
덤을 보고 제대 위에 있는 성 야곱의 상을 어루만지고 나서 성당
을 나왔다. 이를 관람하기 위해서는 오랜 시간 줄을 서야 했다.

대성당 미사 중

성 야고보의 무덤

제대 뒤로 보이는 성 야고보상

산티아고 순례길

제대 뒤에 있는 성 야고보상에서는 촬영이 금지된다.

나머지 일행도 대성당에서 만났다. 성당을 나와 성당 뒤에 있는 Bar에서 점심을 먹기로 하였다. 야외 식당이 매우 컸다. 순례객들이 파이팅을 외치는 소리와 환호 소리가 즐겁게 느껴졌다. 나는 오징어 요리인 카라마리를 주문하였고, J 사장님과 Y 여사는 비프스테이크를 주문하여 나누어 먹었다. 포함된 포도주 이외에 맥주와 포도주를 추가로 마시면서 지난 순례길을 되돌아보며 감흥에 젖었다.

성당 근처의 기념품 가게에서 묵주 반지 2개를 샀다. 가톨릭 신도인 가족과 지인들에게 선물할 예정이다. 피곤한데 포도주까지 한잔한 상태에서 숙소까지 또 2.9km를 걸었다. 그동안 같은 일행이었지만 많은 대화를 나누지 못한 C 여사와 같이 걸으면서 많은 대화를 하였다. 밝힌 바 없는 내 신분도 알고 있어서 놀랐다. 나에게 일찍 일어나 순례길을 가장 열심히 걸은 사람이라고 칭찬을 해 주었다.

숙소는 내일까지 묵을 곳인데, 여행자용 임대 아파트인 아파트멘토스 투리스티코스 칸셀라스(Apartamentos turísticos Cancelas)이다. 레온에서 묵었던 호텔과 유사하였다. 기존의 알베르게보다 시설이 좋았다.

숙소에 도착하여 물을 틀어 놓고 목욕을 하다 피곤이 몰려와 잠이 들었다. J 사장님이 저녁 먹으러 가자고 하여 깨어났다. 같이 식당으로 가다가 슈퍼에 들러 맥주를 사 마시며 다른 사람들을 기다렸다. 도착한 일행들이 슈퍼에서 라면 등을 사다가 호텔에서 먹는 것이 낫다고 하여 시장을 보아서 다시 호텔로 돌아왔다.

　Y 여사와 O 선생님의 방에서 라면을 삶아 먹고 우리 방으로 돌아가 바로 취침하였다. 12시에 일어나 일기를 쓰며 산티아고 순례길을 회고해 보았다. 완주할 수 있도록 도와주신 하느님의 은총에 감사하며, 함께 걱정해 주고 함께 동행해 준 모든 분들께 감사하는 마음이 들었다. 오르막이 있으면 내리막이 있고, 고통이 있으면 희열도 있고, 불편함이 있으면 행복한 편안함도 있다는 것을 새삼 느끼고, 될 수 있으면 선한 마음으로 선하게 살아가겠다는 다짐을 하였다.

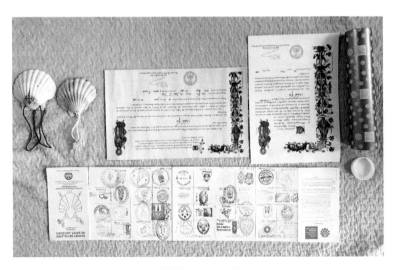

순례자 여권과 완주증명서, 순례자의 상징인 가리비

제3장

순례길
완주 후의
일정

1
땅끝마을 묵시아와 피스테라 방문
(2024.6.28. (금), 총 39일차)

오늘은 산티아고 순례길 완주를 마치고 땅끝마을로 불리는 묵시아(Muxía)와 피스테라(Fisterra)를 다녀오는 날이다. 이곳까지를 걸어오는 순례자들도 많다고 한다. 우리는 버스를 타고 다녀오기로 하였다. 이 두 곳은 순례와 관련되는 일화가 있는 순례지이며, 우리에게는 프랑스 길 완주 후 보상의 의미도 가지고 있다. 아침 7시 50분에 버스가 오기로 되어 있어 일찍 일어나 준비하고, 7시 40분경 24 건물 앞(우리 숙소)에 집결하였다. 전원이 탑승한 후, 우선 묵시아로 갔다. 1시간 이상 소요된 것 같다. 묵시아에 도착하니 바람이 장난 아니게 많이 불고 있었다, 바람막이를 입지 않고 조끼만 입었는데, 몹시 추웠다. 어제 완주증명서를 받고 번외로 찾는 곳이라 긴장감도 덜하여 차 안에서 졸다 보니 어느새 묵시아에 도착하였다.

묵시아는 야고보가 묵시아에서 선교 활동을 할 때 성모 마리아가 돌배를 타고 와 야고보를 도왔다는 이야기가 전해져 내려오는 작은 항구로, 이곳도 성지순례지로 많은 사람들이 찾고 있는 곳이다. 돌배의 조각은 여전히 바닷가에 남아 있으며, '치유의 바위'

라고 부른다. 전설에 따르면 이 돌과 바다가 힘차게 부딪치는 구석에 있는 다른 돌들은 사도 산티아고의 배에 속해 있었다고 전해지고 있다. 페드라 데 아발라(Pedra de Abalar)는 보트가 될 것이고, 페드라 도스 카드리스(Pedra dos Cadrís)는 돛이 될 것이며, 페드라 두 티몬(Pedra do Timón)의 신화를 완성할 것이라고 한다. 보다 과학적인 현실은, 이러한 유형의 바위가 바다와 바람의 침식에 의해 깎여져 있기 때문에 오랫동안 그중 하나를 지지점을 감안할 때 약간의 노력으로 이동할 수 있다는 것이다.[21]

'치유의 바위'와 앞에 붙어 있는 설명문

---

21 (출처: https://www.gciencia.com/destinos-ciencia/pedra-de-abalar-el-secreto-de-las-rocas-magicas/)

묵시아의 0.000㎞ 표지석과 기름 유출 관련 기념탑

산티아고 순례길

근처에 0.000km 표지석이 있다. 피스테라에도 있는 이 표지석은 세상의 끝을 의미하고, 콜럼버스가 신대륙을 발견하기 전까지 유럽 사람들은 이곳이 세상의 끝이라고 믿었다고 한다.

예전에 묵시아에서 기름 유출 사고가 발생했었는데, 그것을 잊지 않기 위하여 세워진 두 동강 난 형태의 기념탑이 있다.

묵시아에서는 바람이 너무 세게 불어서 서 있기에도 힘들 정도였다. K 선생님의 모자가 날아가 내가 쫓아가서 찾아 드렸다.

묵시아를 둘러보고 시내로 나와 조식을 먹었다. 오렌지주스에 계란 두 개와 베이컨이 어우러진 식사로, 6유로였다. 이 식당에서도 한국에서 온 부부를 만났다.

묵시아 해안의 벽화 앞에서

이들은 산티아고 대성당에서 여기까지 걸어서 왔다고 한다. 어딜 가나 한국인을 볼 수 있어 대단하다는 생각을 하였다. 한편으로는 다른 이들에게 회자될 수 있는 현실에서 하나하나의 행동에도 모범을 보이는 것이 필요하다고 생각하였다. 식사 후 묵시아 해안을 거닐며 휴식을 취하다 10시 30분에 다시 차에 올라 또 다른 땅끝마을인 피스테라(Fisterra)로 갔다.

피스테라는 산티아고 대성당에서 90km 떨어져 있는 작은 어촌이다. 피스테라는 '지구의 땅끝'이라는 뜻으로, 라틴어의 'Finis(끝)'라는 말과 'Terrae(땅)'라는 말이 합쳐져서 붙여진 이름이다. 중세 시대부터 '세계의 끝(End of the World)' 혹은 '땅끝(Land's End)'이라고 불렸다고 한다. 정확히는 스페인의 땅끝이다. 서기 44년 예루살렘에서 순교한 야고보의 유해를 나룻배에 실어 보내자, 그 시신이 피스테라 해안에 닿았다는 설화가 있어 순례자 및 천주교 신자들이 많이 방문하는 곳이다. 하구에서 3km 이동하면 등대가 있으며, 여기에도 0.000km 표지석이 있다.

이곳에 도착한 순례자들은 신발이나 옷가지

피스테라의 등대 하우스 앞 0.000㎞ 표지석

를 태워 대서양에 뿌리는 의식을 행했다고 하는데, 현재는 금지되어 흔적만이 남아 있다. 암석 위에 세워진 돌 십자가에 경건하게 기도하는 순례자도 많으며, 그 옆의 철제로 만들어진 기둥에는 지금도 많은 순례자들이 옷이나 신발 등을 올려놓고 간다고 한다. Y 여사와 O 선생님도 가져온 점퍼 등을 올려놓았다.

대서양을 바라보고 암석 위와 주의를 돌아보며 사진도 찍고 하다가 오늘의 마지막 일정인 에사로 폭포를 보기 위해 차에 올랐다.

신발 조각과 나의 신발

2
에사로(Ézaro) 폭포 방문

  에사로(Ézaro) 폭포는 피스테라(피니스 테레)의 동쪽 해안가에 있
는 폭포이다. 육지에서 바다로 직접 떨어지는 폭포로서, 낙차를
이용한 수력발전소도 있다. 에사로 카스카다, 여기서 '카스카다'
는 영어로 'Cascade', 즉 '작은 폭포'를 의미한다. 검은 바위산 아래
로 하얀 물보라를 날리며 떨어지는 폭포가 그리 크지는 않지만
장관이다. 주변의 바위산 풍경도 볼만하다. 정박되어 있는 요트
들도 이곳이 휴양지임을 느끼게 해 주고 있다. 잘 알려진 관광지
라 사람들의 왕래도 많았다. 에사로 폭포 관광을 끝으로 40일간
의 대장정의 공식 일정이 끝났다.

에사로 폭포와 주변 경관

3
다시 산티아고 데 콤포스텔라로

버스는 다시 산티아고 데 콤포스텔라로 향했다. 우리 일행은 산티아고 대성당 근처에서 내려 대성당을 가로질러 유명한 한식당 'NuMARU'로 갔다.

대성당 앞에는 오늘도 완주한 순례객들이 감동의 순간을 누리고 있었다. 한식당은 많은 사람들로 붐볐다. 주인인지 종업원인지 알 수 없는 외국인이 친절하게 주문을 받는데, 한국말도 곧잘 하였다. 비빔밥, 잡채밥, 김치찌개, 두루치기 등을 시켜 나누어 먹었다. 뭐니 뭐니 해도 입에 맞는 한식이 최고였다. 많이들 맛있게 먹었다.

40일 일정의 대부분을 같이하며 순례길의 벗이 되어 준 우리 5인은 서로 오래 기억될 것이다. 식사 후 대성당 옆에서 기념품 등을 사고 숙소까지 2km 이상을 걸어서 돌아왔다. 오늘도 도보 순례길만큼은 아니지만, 2만 보 이상을 걸었다. 오다가 슈퍼에 들러 라면, 물 과일 등을 사서 왔다. 7시에 우리 방에 모여 라면을 삶아 먹고 포도주와 캔맥주 등을 마시며 순례의 마지막을 장식하였다.

4
귀국(2024.6.29. (토)~2024.6.30. (일), 총 40일차)

4시에 기상하여 짐 등을 정리하고 5시에 숙소 앞에서 택시를 타고 산티아고역으로 갔다. 여기서 기차를 타고 마드리드역으로 가서 30일 떠날 일행과 작별 인사를 하고, 마드리드국제공항으로 가야 한다. 산티아고역에서 5시 40분 기차를 타고 6시 20분 오우렌세역에서 내려 마드리드로 가는 기차로 갈아타야 했다. 환승소요 시간이 10분이라 다들 걱정을 하였으나, 내리자마자 바로 오른편에 대기하고 있는 마드리드행 열차로 환승하였다.

본인 티켓은 휴대폰에 저장해 두어야 편리하다. 프랑스에 떼제베가 있으면 스페인에는 AVE 고속열차가 있다. 마드리드역까지 500km가 넘는 거리를 2시간 15분 만에 주파한다고 한다. 10시 이전에 마드리드역에 도착하였다. 마드리드는 지금까지 보았던 도시보다는 상당히 큰 규모의 도시였다. 마드리드에서 내일 비행기 편으로 한국으로 떠나는 3인과는 작별 인사를 하였다. 마드리드역에서 나와 마드리드국제공항으로 가기 위해 택시를 타야 했는데, 태국에서 출발한 Y 여사와 O 선생님은 2터미널에서 뮌헨을 거쳐 방콕으로 가야 해서 1터미널로 가는 우리와는 이별을 해야 했다. Y 여사와 J 사장님은 나와 늘 한 팀으로 순례길을 같이 걸으며 숙소에 1착으로 도착하는 챔피언 조여서 정이 많이 들었다. O 선생님과 N 선생님도 우리 팀 5인의 일원으로 음식도 같이 해 먹고 늘 함께하여 오누이처럼 정이 들었다. 진한 포옹으로 석별의 아쉬움을 표현하였다. 기회가 되면 다시 좋은 인연으로 만났으면 하는 바람을 서로 이야기하였다.

마드리드국제공항에 남은 6명은 짐을 부치고 출국장 근처에서 시간을 보내다, 현지 시간 오후 1시 30분, 중국 국제항공편을 통해 경유지인 북경으로 출발하였다. 마드리드국제공항에서 J 사장님과 계란과 베이컨, 감자 등으로 식사를 하였다. Y 여사나 O 선생님 등과도 식사나 한번 하고 싶었는데, 아쉽게 되었다. 마드리드국제공항에서 가족들에게 줄 선물로 초콜릿과 목걸이를 사는데 남아 있는 유로화를 모두 소비하였다.

마드리드에서 11시간을 비행하여 베이징공항에 현지 시간으로 오전 6시 10분경 도착하였다. 화장실 바로 옆이 좌석이라 잠을 잘 수가 없었다. 옆자리의 중국인 부부가 자주 화장실을 가서 그때마다 자리를 비켜 주고 올 때까지 서성이는 것을 반복하다 보니 피곤하였다. 영화나 다큐멘터리 등도 보다 바꾸기를 반복하였다. 베이징공항에 도착해서는 엄격한 환승 절차에 약간의 짜증이 났다. 그리고 무엇보다도 베이징공항에서 13시간을 기다려 인천공항으로 가는 비행기를 타야 하는 사실이 막막하였다. 일부 사람들은 아무리 저가라지만 너무하다고 불만을 표출하기도 하였다. 인솔자 선생님은 오후 5시까지 자유 시간을 가지다 다시 모이자고 하였다. 오전 9시경, J 사장님과 중국 국수와 만두를 먹었다. 그리고 공항을 돌다 공항 끝자락에 충전기를 꽂을 수 있는 콘센트가 있는 자리에서 휴식을 취하며 일기를 썼다. J 사장님은 구석의 자리에서 잠을 자기 시작하였다. 나도 자리를 옮겨 취침을 시도하였는데, 잠이 오질 않았다. 그냥 누워서 시간을 보내고 있는데, J 사장님이 잠에서 깨어 내가 있는 곳으로 오셨다. 햄버거와 튀김 닭 세트를 사 와서 점심으로 같이 먹었다. 점심을 먹고 공항 면세점을 돌다 중간 벤치에서 K 선생님이 자고 있어 그 옆에 같이 누웠다. J 사장님도 금방 코를 골며 잘 자는데, 나는 피곤한데도 잠이 잘 오지 않았다. 4시경, K 선생님이 깨어 잘 잤다고 하시면서 커피나 한잔하러 가자고 하신다. 커피를 마시면서 이번 순례길을 정리하는 대화를 나누었다. K 선생님은 82세로, 연세가 적지 않음에도 불구하고 완주하셨다. 대단한 분이다. 늘 혼자 묵묵히 걸어 완주하셨다. 다른 사람과 처음에는 걷는 속도가 차이가 있어 혼자 걷는 경우가 많았으나, 갈수록 보폭도 경쾌하고 좋아져 일찍 오시기도 하고, 길에서 만난 외국인과 한국인과 대화도 하시면서 나름대로 의미 있는 순례를 하신 것 같다. 나는 가끔 길에서 만나면 사진을 찍어 드리는 것이 외에 큰 배려를 해 드리지 못하였다.

5시가 되어 모이기로 한 장소에 갔더니 비행기가 50분이 연착된다고 한다. 면세점에서 전병과 초콜릿을 샀다. 오후 6시 예정이었던 탑승 시간이 6시 50분이 넘도록 지체되다가 탑승이 시작되고, 거의 8시가 되어 비행기가 이륙하였다. 공항에서 기다리는 것도 순례자로서의 인내라고 생각하니 마음이 편해졌다. 한국 시간으로 오후 11시가 다 되어 인천공항에 착륙하였다. 짐을 찾는데, 내 가방이 제일 늦게 나왔는데, 가방 옆에 넣어 둔 화장품과 실, 손톱깎이 등이 들은 작은 백이 없어졌다. 공항에서 인솔자 선생님, C 여사, S 양 등과 이별하고 K 선생님이 아드님이 가져온 차로 나와 J 사장님을 태워 주어 편하게 집에 도착할 수 있었다. J 사장님과 K 선생님은 종종 보자고 하면서 헤어졌다. 7월 1일 새벽 1시가 다 되어 집에 도착한 것이다. 6월 30일은 비행기에서 11시간, 베이징공항에서 14시간을 대기하면서 보내고 7월 1일 새벽에 한국에 도착한 것이다.

집에 가니 쇼호스트인 딸아이는 방송을 하러 나가고, 집사람 혼자 있었다. 샤워를 하고 몸무게를 재니 출발할 때보다 10kg 정도가 준 것 같다. 집사람도 배가 홀쭉해졌다고 걱정과 기쁨의 마음이 함께하는 모습을 보여 주었다. 나중에 온 딸아이도 아빠 살이 많이 빠졌다고 하면서 이 상태를 유지하면 좋겠다고 한다.

40일이란 기간이 길다면 길게 느껴질 것인데, 아무튼 처음 경험해 보는 것이었고, 여러 어려움도 있었지만 의미 있는 순례길이 된 것 같다. 앞으로도 순례길을 생각하며 나의 생활을 재정비하고, 새롭게 삶을 살고 싶다.

마치면서

　산티아고 순례길을 다녀온 뒤 나는 한동안 산티아고 향수(산티아고 블루)를 겪고 있다. '힘들고 고생스러운 그런 여행을 왜 사서 하느냐'는 말씀도 많이 들었다. 특히 어머님은 체중이 감소된 모습에 꼴이 틀렸다며 거의 한 달간 사랑으로 곰탕을 끓여 주셨다. 그러나 고생스럽고 힘든 순간보다도 순례길에서의 감흥과 문화 체험, 인간관계 등이 더욱 아련히 떠오른다. 무기력하고 나태해진 내 생활을 바로잡는 기회가 되었고, 특히 신체적으로나 정신적으로 더욱 건강해진 계기가 되었다고 느끼고 있다. 그동안 공사적인 생활에서 느꼈던 스트레스로 무거웠던 마음과 머리가 많이 맑아졌음을 느끼고 있다. 다시금 변화가 필요해지고 기회가 된다면 산티아고 순례길의 다른 루트는 물론 국내의 여러 올레길 및 해외의 다른 길도 걷고 싶다.

　순례길에서 한국인뿐만 아니라 다양한 국적의 외국인도 만났다. 이들을 만나 순례길에 온 동기나 각자의 사고를 이해하고자 노력한 것도 중요한 경험이었고, 많은 일정을 같이 한 팀원들과는 저녁 만찬 및 맥주도 자주 하면서 인생사의 희로애락과 연관된 순례길을 이야기하며 사람 사는 세상을 느끼기도 하였다. 순례길 내내 모든 것을 즐겁고 긍정적인 마음으로 하고자 하였다.

순례길을 마치고 온 시점에서 체중은 10kg 정도가 줄었다. 체중이 과체중 상태였던 나의 눈에는 달라진 것이 크게 보이지 않는데, 보는 사람마다 살이 빠졌다고 한다. 무슨 일이 있느냐고 묻는 사람보다 얼굴이 건강하고 편안해 보인다고 말하는 사람이 많다는 점이 나를 기쁘게 하였다. 과거 비지팅 스칼라 시절에도 10kg 이상의 체중 감소를 경험하였지만, 원래 체중으로 복귀하는 데에 2개월이 채 안 걸렸던 경험이 있다. 이번에도 2개월 지난 상황에서 약간의 체중 증가가 있었지만, 거의 빠진 체중을 유지하고 있다는 점이 다른 점이다. 매일 하는 걷기 운동의 양이 현격히 준 것은 사실이지만, 걷기 및 등산을 지속적으로 하여 내가 목표로 하는 체중을 유지할 포부를 가지고 있다. 당화혈색소도 보직을 내려온 후 조금 떨어졌으나, 이번 순례길을 다녀온 후 5.7로 떨어졌다. 주치의 선생님도 놀라셨다. 다만 또 생활이 달라지면 다시 오를 수 있으니 3개월 동안 지켜보자고 하신다. 산티아고 순례길을 다녀온 일시적인 현상일 수 있으니 자만하지 말고 지속적으로 건강관리를 하라는 말씀이다.

육체적 건강도 중요하지만, 정신적으로도 건강하고 긍정적인 생활 태도의 개선이 필요하다고 느낀다. 나는 공사의 일 처리에 있어서 나 자신을 닦달하고 안달하는 유형이었고, 그 결과인지 마음에 들지 않는 경우에는 나 자신에 대한 분노를 주체할 수 없

산티아고 순례길

었다. 다른 사람들의 관계에서도 겉으로는 나타내는 경우가 적더라도 마음속으로는 나 자신의 판단으로 재단하고 화를 많이 내곤 하였다. 이제는 안달하지 말고, 화내지 말고, 범사에 감사하는 생을 살고 싶다.

  산티아고 순례길을 완주하고 산티아고 데 콤포스텔라의 대성당에 도착하면 무언가 감동적이고 나에게 큰 변화가 있을 것 같고, 심지어 어떤 기적이 일어나길 바랐다. 막상 800km를 걷고 산티아고 데 콤포스텔라의 대성당에 도착하였을 때, 생각했던 큰 감흥이나 기적은 없었고, 피곤한 가운데서도 이 일을 해냈다는 작은 기쁨이 있었다. 그러나 지나고 보니 순례길은 사람 사는 세상의 축소판이란 생각이 든다. 오르막길이 있으면 내려가야 할 내리막길이 있고, 기쁨과 희열 뒤에는 수고스러움과 고통이 동반되며, 인내의 과정 뒤에 성취감의 열매가 있듯이 인생사 또한 그런 것이 아니겠는가? 인생은 결과가 아니라, 우리가 살아온 과정이 중요하다는 것도 산티아고 순례길을 걸은 후 깨달은 느낌이다. 즉, 산티아고 대성당에 도착하는 것이 목적이 아니라, 거기에 이르기까지의 노력과 생각과 인간관계가 더 소중한 가치였다고 생각한다.

| 참고 문헌 및 자료 |

저서 및 논문

- 강진구, "걷기 혁명과 산티아고 순례길", 교회성장, 통권 제343호, 교회성장연구소, 2022. 1.

- 강진구, "산티아고 순례길을 걷는 사람들", 신앙계, 통권 제628호, 2019. 7. 1.

- 강세훈, 『산티아고 순례길 여행자를 위한 가이드북, 프랑스 길편』, 부크크(bookk), 2023.

- 구연미, 『혹해서 혹 가다 : 2022년 봄, 산티아고 순례길 800km의 맛』, 생각나눔, 2022.

- 김길지, 『그랑드 랑도네 : 묻고 공감하고 유희하며 걷는 길 : 산티아고 순례길의 모든 순간 2800km 125일간의 기록』, 서울 등, 2024.

- 김남철, 김태훈, 박건우, 『나를 찾아 떠나는 여행 산티아고 순례길 가이드북 (25~26 개정판)』, 핏북, 2023.

- 김소영 외, 『다시 또, 산티아고 순례길 : 산티아고에 두 번 이상 다녀온 사람들의 이야기』, 새벽감성, 2019.

- 김승미, 『별들이 흘러간 길 : 나에게로 가는 산티아고 순례길』, 푸른향기, 2016.

- 박웅렬, 『그래서, 산티아고(여행을 생각하다 8)』, 씽크스마트, 2023.

- 박지은, "종교적 순례길에서 유럽 도보 여행의 대명사로 산티아고 데 콤포스텔라 순례길"(전자 자료), 서울 : 한국문화관광연구원, 2012.

- 방멘, 『산티아고 순례길의 모든 순간 - 20kg의 짐, 779km의 거리, 40일의 시간』, 출판사 방, 2023.

- 석승한, 『길 위에 삶이 있다 : 산티아고 순례길 글·포토 스토리』, 메디안북, 2019.

- 안녕, 『띄엄띄엄 산티아고 순례길 : 산티아고 프랑스 길, 28일간의 556km 도보 일기』, 하모니북, 2021.

- 이병수,『산티아고 순례길 33일 : 나의 버킷리스트』, 한솜미디어, 2018.

- 임경미, "산티아고 순례길 여행 체험에 대한 평생학습적 의미", 숭실대학교 대학원 박사학위논문, 2014.2.

- 조대현,『새로운 개념의 산티아고 순례길 City & Town 가이드북 (2023-2024 최신판)』, 해시태그, 2024.

- 조대현 글, 파울로 카르도네 사진,『처음 떠나는 산티아고 순례길 가이드북 : 2024 최신판』, 해시태그, 2024.

- 진종구,『(마음의 평화를 찾아 떠나다) 산티아고 순례길 : 순례길에서 찾은 마음의 평화』, 어문학사, 2013.

- 최인엽,『산티아고 순례길 : 만남의 길 展』, 하모니북, 2021.

- 황보영조,『순례의 인문학 : 산티아고 순례길, 이냐시오 순례길 (eBook)』, 서울 역락, 2022.

- 홍사영,『산티아고 길의 마을과 성당』, 기쁜 소식, 2015.

- 황승찬,『산티아고 순례길에서 만난 사람들 : 마주하는 당신은 나의 거울입니다』, 바른북스㈜, 2021.

블로그

- '메밀꽃부부'의 네이버 블로그 〈메밀꽃부부의 세계일주프로젝트〉 (https://m.blog.naver.com/mina860527/222870476771

- '어류산'의 티스토리 (https://seolbeompark.tistory.com/506)

- '산티아공'의 네이버 블로그 〈SANTIAGO〉 (https://m.blog.naver.com/ santiagong)

- CAMINO Of LOVE (https://caminooflove.blogspot.com)

- '파이어족을 꿈꾸는 디지털노마드'의 티스토리 (https://hannahkim.tis- tory.com/entry/산티아고-순례길-800km-혼자-걷고-나서-깨닫게-된-5가지)

- '감탄'의 티스토리 (https://admire.tistory.com/)

- 'Santiago Park'의 네이버 블로그 〈Santiago Park(박응렬)의 산티아고 이야기〉 (https://blog.naver.com/PostList.naver?blogId=parker1004)

- 'Somewhere'의 네이버 블로그 〈See, Feel and Grab…〉 (https://m.blog. naver.com/mjkim_1405/221533140225)

- '성더기 Sam Koh' 네이버 블로그 〈살아가는 이야기〉 (https://m.blog. naver.com/2005math/220473650975)